1880 CENSUS:
CHEATHAM COUNTY, TENNESSEE

Transcribed by:

Byron Sistler and Barbara Sistler

JANAWAY PUBLISHING, INC.
Santa Maria, California

1880 Census: Cheatham County, Tennessee

Copyright © 1978 by Byron Sistler.
All rights reserved. Permission to reproduce in any form
must be secured from the Author or the Publisher.

Originally printed, Evanston, Illinois
1978

Reprinted by

Janaway Publishing, Inc.
732 Kelsey Ct.
Santa Maria, California 93454
(805) 925-1038
www.JanawayGenealogy.com

2009, 2013

ISBN: 978-1-59641-162-3

Made in the United States of America

IMPORTANT INFORMATION

You cannot utilize the material in this booklet at all effectively unless you read the following.

This booklet is an exact transcription of the county schedule, household by household. A transcription in sequence from the schedules is very useful in placing the relationships of neighboring families. When the county by county transcription is completed, a state-wide index of heads of household and of individuals whose surnames differed from that of the household head will be prepared to be used either with the printed transcriptions or the microfilm.

Surnames appear in capitals. Where a surname does not appear before the person's given name in a family listing he has the same surname as the entry immediately preceding him. Given names were copied as read with the exception of Francis--Frances to indicate sex of person. Where there is a doubt about gender of a name we have followed it with (m) or (f).

Age of each person is listed after his name. Unless indicated by (B) (Black) or (Mu) (Mulatto), the person is Caucasian (W). In a household, unless a symbol for race appears after a name, person is of same race as the preceding household member(s).

Occupations were shown on the schedules for all persons but young children. These are listed in our transcription with the following exceptions--farmer or farm labor for men and housekeeping for females. Thus, if no occupation is given, farmer or housekeeeper can be assumed.

Illnesses and infirmities at time of the census enumeration are shown as indicated on the schedules.

The place of birth of each individual was to be included on the schedules along with place of birth of each of his parents. We have used standard Post Office abbreviations for the states, except where Tennessee is indicated we simply use a T. If the individual and both parents were born in Tennessee this item is omitted. Also in households where the parents were born in other states but the children were born in Tennessee the birthplaces of the father and mother are not repeated unless there is a discrepancy.

Relationship of all persons in the household to the head of household was to be indicated. We have omitted this where it was obvious that the second person was the wife and succeeding individuals were the offspring of the father. Where identification in this fashion seemed unclear we entered what we thought were appropriate notations.

An example from the transcription (fictitious entry) should be informative:

> SHELTON, George 47 (T AL GA), Susan 37, Bettie 20, Narcissa 18, Mary 15 (KY), Ada 13 (blind); WALKER, Caroline 40 (sister) (widow) (T AL GA), George 21 (nephew); MAXWELL, Eli (B) 35 (farmhand), Louisa 28 (servant); SCRUGGS, Henry 28 (W) (boarder) (schoolteacher), Josie 24 (Henry's wife), Mamie 3 (Henry's dau)

This translates into George Shelton age 47, a white man born in Tennessee whose father was born in Alabama and mother in Georgia; his wife Susan age 37, born in Tennessee and parents also born in Tennessee; George's children Bettie, Narcissa, Mary and Ada. The first two were born in Tennessee, Mary in Kentucky and Ada in Tennessee. Ada is blind. George's sister Caroline Walker lives with the family with her son George (though conceivably George Walker is not Caroline's child). A black man, Eli Maxwell, lives here and works as a farmhand for George Shelton. Louisa Maxwell, listed as servant, is probably Eli's wife, but she could be a sister. The Henry Scruggs family is made rather clear in the schedules, as noted above; they were Caucasian.

Keep in mind that this is a copy from handwritten schedules. Although the condition of the schedules and the handwriting is much improved in 1880 over earler censuses, it is still quite possible to misinterpret individual names (or letters).

Byron & Barbara Sistler
1626 Washington St.
Evanston, IL 60202

CHEATHAM COUNTY

Hh#   Page 1, Dist. 1

1. LOWE, S. J. 54 (lawyer), Nancy J. 48 (T VA T), Gid H. 21 (son) (timber dealer), Billie 17 (son), John T. 14, Mary T. 18, James 8, Thomas W. 4
2. McQUARY, G. W. 54 (KY NC VA), Martha J. 37 (wife), Mattie S. 12 (T T T), John C. 6 (T T T), Charlie D. 1 (T T T)
3. JACKSON, J. H? (52) (blacksmith), Elizabeth 45, H. P. 23 (son), T. R. 21 (son), E. G. 18 (son), Mary 14, Katie 8, Lizzie 7, Crudie 4 (son)
4. CLARK, W. C. 42 (cooper), Tennie 36, Willia 18, Ada 11, E. D. 8 (son), Winnie 2; COLLUM, E. T. 66 (mother in law) (widow) (T __ __)
5. ELLIS, F. (B) 33 (widow) (T __ T), F. G. 7 (son); DOWLEN, H. N. 14 (niece); HIDE, Mary 1 (Mu) (niece) (T __ T)
6. LEE, Lawson (B) 24 (laborer) (T VA VA), Jane 20 (T __ __), Geneva 1 (son)
7. LEE, S. 57 (widower) (laborer) (T __ __), Will 20 (son) (laborer) (T VA VA)
8. SILLES, Joe (B) (40) (laborer) (GA GA GA), Ann 20 (wife) (T VA VA), Setha 1 (son)
9. BRAMSON, Nath. (B) 45 (teemster) (T __ __), P. H. 28 (wife) (GA SC SC)
10. HARDEMAN, J. (B) (27) (occupation not given), Hattie 17 (wife) (T T __), Selina 2
11. HUDGEONS, Gid. (Mu) 23 (laborer) (T __ __), Flora (B) (22) (T __ __)

Page 2, Dist. 1

12. BARTIN, G. (B) (51) (laborer) (T __ __), Edna 26 (wife), Dick 9, Alice (29) (dau) (laborer), Price 5/12 (b. Dec) (grand son); WILLIS, Hariet 57 (mother in law) (T T VA), Suzie 15 (sis in law)
13. BINKLEY, F. M. 37 (occupation not given), O. G.? 30 (wife) (T Scot VA), Alice 12, George 10, Tommie 9, Bamer 7 (dau)
14. FARMER, Thomas 57 (T __ __), A. M. 56 (wife) (NC NC NC), Thomas J. 26 (laborer), Mary 24 (dau in law) (consumption), W. T. 5 (g son), Georgeann 1 (g dau) (consumption); JONES, Emily 24 (dau) (widow), Alice 5 (g dau); FARMER, Martha 21 (dau), J. M. 5 (g son)
15. McCONKEY, A.? P. 41 (school teacher) (T VA T), F. V. 40 (wife) (T Ger VA), Bell 10 (scrofula), Mary 7, Laura 5
16. LEE, J. J. 30 (T T VA), M. C. 28 (wife), Josie 6 (son), A. D. 4 (son), Fannie 2 (dau), S. D. 71 (mother) (widow) (VA VA VA)
16. OAKLEY, J. S. 46 (T SC T), Mary 46 (T __ T), R. D. 24 (son), J. S. 22 (son), E. A. T. 20 (dau), M. J. 18 (dau), C. A. 14 (son), J. S. 12 (son), Mattie 8
17. OAKLEY, Emily 69 (widow), E. A. T. 36 (dau) (T NC T), Emily 31 (T NC T), Robert 28 (T NC T)
18. SWAGARD, C. C. 64 (T __ __), Edna 45 (wife) (T VA KY), Sammie 1(?) (dau); FELTS, C. H. 67 (boarder) (widowed) (T T NC); LOWE, H. 72 (boarder) (M.D.) (T NC NC)

Page 3, Dist. 1

19. GLEAVES, Martin (B) 35 (T __ T), Millie 28, Joe 9, Mary 7, Henry 5, S. K. 4 (dau), N. A. 2 (dau), Martin 3/12 (b. Feb)
20. GLEAVES, E. M. 47 (widowed), Addie 21 (dau), Mamie 20, Gertie 17 (measles), Petie 14 (dau) (measles)
21. CARNEY, S. J. 45 (widowed), W. B. 13 (dau) (T MS T), Nannie 11, Jadie 9 (son); FELTS, W. J. 26 (boarder) (laborer) (IL T __)
22. ALLEN, B. G. 60 (KY SC KY), Nancie (52) (T __ NC), Henry 20, William 15, Lizzie 12; HUNT, J. B. 45 (T NC T) (relationship not shown)
23. SIMPKISS, J. G. 30, Martha 25 (T __ T), P. J. 6 (son), Willie 1

Hh#   Page 3 (cont'd)

24. MAYOW, A. J. 47 (VA VA VA), M. E. 42 (wife) (T __ __), Henry 20 (temster), William 19 (laborer), J. D. (m) 17, J. W. (m) 15, M. L. (f) 11, Callie 8, Elmo 6, Jessie (m) 4, T.? S. 10/12 (son)
25. WILLIAMS, W. R. 31, Martha 28, Lula 5, Willie 3, Berdie 1
26. STEWART, Delilah 58 (widow) (VA VA VA), A. B. 21 (son) (T Scot VA)
27. HUTTON, W. C. 28, S. J. 30 (T KY T), Maggie 7, S. E. 4 (dau), J. H. 2 (son)

Page 4, Dist. 1

28. GALLAHER, William 38 (T KY T), Eliza 20 (T __ T), Charlie 3, Edward 1
29. FELTS, J. M. 29, S. A. 29, G. T. 8 (son), Thomas 6, Eliza 3, Ruth 1
30. BINKLEY, Joseph 51 (T Ger T), Nancy 36 (wife), Tennie 15, George 11, Frances 9, M. 7 (dau), William 6, Emma 2, Lera L. 5/12 (b. Dec)
31. BINKLEY, D. S. 67 (widowed) (T NC Scot), Anna 14 (dau), Florence 12, William H. 10
32. CARNEY, W. M. 39 (T MS T), Lavina 30, Lucie 12, Mollie 10, Delana 9, Lucindie (76) (mother in law) (Binkley is written in and crossed out) (T VA VA)
33. GALLAHER, John 58 (T Ire __), Levinah 66 (wife), Josie 37 (dau), J. S. 28 (son)
34. HAMPTON, Demumbra 23 (teamster) (T T IL), Demumbra M. E. 17 (wife) (KY VA KY) (looks like this may be an error and the surname should be Demumbra--ed.)
35. BELLE, T. F. 49 (T VA VA), Mary 39 (wife), Annie 15, M. 13 (dau), Thomas 8, Lucie 5, W. A. 2 (son)
36. CARNEY, H. J. 44 (chills) (T __ West? TN), S. D. 44 (wife) (T __ T), Mollie 18, Ellen 16, Ida 14, Jessie 12, Anna 8

Page 5, Dist. 1

37. HARRIES, William (33) (T T __), B. T. 32 (wife) (T VA T), G. T. 6 (son), I. H. 4 (dau), William 1
38. BIGGS, D. J. 35, M. C. 33 (wife), Emerson 12, Lucian 11, Frank 9, Lula 7, Huley 5, Martha 2, Charley 2/30 (b. May)
39. MILES, William 33, Nancie J. 21 (wife), Lillie 1, J. H. 2/12 (b. Mar) (son)
40. VICK, J. T. 32, S. C. 33 (wife), Adam 13, Lafaette 12, T. S. 10 (son), Sallie 8, W. R. 6 (son), J. R. 3 (son), J. D. 4/12 (b. Feb) (son)
41. BIGGS, William 31, N. S. 33 (wife), I. E. 7 (son), J. Ettie 6 (dau), W. W. 3 (son), W. P. Laurence 1 (son)
42. VICK, Martha S. 63 (widow) (T NC VA), G. W. 20 (son) (laborer)
43. ENNIS, W. R. 29, Majoura 20 (T NC T), Willamine 5, Sallie 3, Vertes 2; ITSON, Samuel 17 (adopt. son) (laborer) (T NC T)
44. COLINS, W. H. 59 (T NC T), Sarah 37 (KY __ __), J. Y. 26 (son), M. C. 6 (dau), L. R. 5 (dau), F. B. 4 (dau), Alrie 2 (son), William F. 7/12 (b. Nov)

Page 6, Dist. 1

45. DOZIER, Harret E. 78 (widow) (farmer--sic) (NC NC NC); STUMP, Martha E. (36) (dau) (widow) (T NC NC)
46. DOZIER, J. D. 32, Ladocia 28 (T T VA), E. S. 11 (dau), T. E. 9 (son), J. D. 8 (son), Sammie 6 (dau), Sallie J. 4
47. DOZIER, James H. 32, Mary E. 26, Rosylee 4, G. L. 1 (son)
48. DOZIER, H. H. 36, Thomas H. 11, Robert 5, Willie 3, Mattie 1
49. CARTER, Joseph 21 (laborer) (T __ __), Olive 17 (T __ T)

1

CHEATHAM COUNTY

Hh# Page 6 (cont'd)

50. NICKENS, James 44 (laborer) (sun stroke) (T __ __), Maryann 34 (T __ T), McHenry 15, Sallie 12, E. C. 10, J. J. 7 (son, T. T. 6 (son), Maryann 4, W. E. 2 (son), Polly Ann Bosachant? 27/30 (b. May)
51. DOZIER, H. J. 33 (widowed) (laborer) (T T VA), J. W. 2 (son); HICKS, W. H. 32; MOORE, Clara (B) (48) (servant--cook) (widow) (VA __ __)
52. FARMER, J. W. (35) (T T NC), A. M. 29 (wife) (T KY VA), Lula 8, Annie 5, James 2
53. CARNEY, G. W. 29 (T T MS), J. A. 33 (wife), E. E. 10 (dau), W. T. 7 (son), S. J. 3 (dau), R. E. Lee 1, Elizabeth 66 (mother) (widow) (MS GA GA), W. P. 30 (sister) (T T MS); FARREL, Clavin 16 (laborer) (T vA VA)
54. DAVIS, H. H. 35 (widower) (T T MS), Jessie 15 (son), Johnie 13, G. W. 6 (son), T. J. 6 (son), W. E. 3 (son)

Page 7, Dist. 1

55. SIMPKINS, James 53 (T SC SC), Elizabeth 53 (T SC SC) John W. 24, Nannie 21 (chills), William 19, Frank 15, Berton 13
56. BENNETTE, J. M. 56 (T NC NC), M. E. 46 (wife), W. W. 22 (son), J. M. 19 (son), M. E. 17 (dau), J. D. 14 (dau), E. B. 10 (dau), M. A. 7 (dau)
57. SIMPKENS, James 27 (AR T T), Susan 23 (T T VA), Thomas 4, Rosa 2
58. PROCTOR, Sarah A. 30 (married), Mattie E. 13 (T SC SC), Mollie E. 10 (AL SC T), Willie 7 (AL SC T), Frank 4 (AL SC T)
59. WILLIAMS, James 29, J. J. 33 (wife), M. E. 11 (dau), Mamie 9 (dau), Annie 7, Willie 4 (dau), J. Y. 2 (son)
60. MONTGOMRY, A.? (H?) (B) 54 (AR NC VA), Lucy (Mu) 43 (wife), Carrie 15, Robert 10, M. J. 8 (dau), Emma A. 6, Elizabeth 5, Tennessee 2; OAKLEY, John (B) (25) (boarder) (T __ __)
61. GOODRICH, Philip (B) 42 (T VA VA), Rosa 34 (Mu) (wife), Hannah 13, Harriet 12, Eliza 10, James 9, Hattie 7, Martha 6, Sou 3, Carrie D. 10/12 (b. Ju?), Dock 114 (father) (VA __ __), Hannah 82 (mother) (blind) (VA VA __); BOSLEY, James (B) (72) (uncle) (widowed) (crippled) (VA __ __)

Page 8, Dist. 1

62. BEEN, George 30 (T M? __), Mary 21 (wife), Elexander 3, Tillie 1
63. REDING, C. B. 57 (widowed) (f), M. S. 31 (dau), M. D. 30 (dau), M. E. 28 (dau), G. H. 26 (son), Maxie 22 (son), E. W. 21 (son); McLEMORE, Thomas (B) (15) (servant) (MS __ __)
64. PERRY, George? (looks like it was written over James--ed.) 51 (T SC VA), M. T. 33 (wife), W. T. 6 (son), J. A. 5 (dau) (crippled), S. J. 1 (dau); WALDEN, J. N. 10 (relationship not shown) (KY T __)
65. BRIGHT, W. T. 42, C. A. 28 (wife) (T VA T), Tommie 9 (dau), Willie 3, Sammie 1; HIGHT, Colie (m) (74) (boarder) (widower) (T __ __); HARPER, A. (B) 81 (boarder) (widower) (T __ __) (crippled)
66. HALE, T. M. 43, Nannie A. 39 (T __ __), Thomas H. 17, William R. 14, Belle 12, Ellen 9, Sallie 5, Leath 8/12 (b. Sep) (son)
67. NEIGHBORS, B. A. 41 (T __ __), T. M. 39 (wife), Willie 18, Laura 16, Leander 11, Medorah 10
68. BOYT, M. T. 62 (widow) (T __ VA), Ettie R. 17 (dau) (T VA T); HINSON, George W. (10) (relationship not shown)

Hh# Page 9, Dist. 1

69. BOYTE, Wilson 26 (laborer) (T VA T), Nancie 17 (wife) (T __ __), Nannie 6/12 (b. Nov)
70. DEMUMBRA, Wilson 48 Laborer) (blind), Wealthy 37 (wife), William 14, Johnie 12, Jackson 10, James 7, Lizzie 4, Maggie 1
71. RANDY, James C. 38, Sarah A. 34 (T Ire NC)
72. WILLIAMS, Frank 32 (France Fr Fr), A. K. 21 (wife) (AL AL AL), Henry 2, James D. 4/12 (b. Jan)
73. DEMUMBRA, J. S. 27, Sophronia 28, Gilbert 5, Ludie 2 (dau), Martia 49 (mother) (T VA NC), Kittie 19 (sister), Tommie 10 (sister)
74. CARNEY, Ennis 28, Ella 26, Robert M. 6, William H. 4, Lula A. 2
75. CARNEY, Joshua 64 (T SC VA), J.J. 58 (wife) (T T VA), Hirum 19, J. H. 27 (son) (widowed), Alonza 5 (grand son)
76. DOUGLASS, S. (L.?) M. 29 (T VA T), Susan 32 (T NC T), Lizzie 5, Lela 3, Johnnie 1
77. DEMUMBRA, R. W. 26 (teemster), M. J. 35 (wife) (KY VA T), Jimmie 7, Samuel R. 5, Annie 2
78. TAYLOR, C. W. 43 (T T VA), E. A. 32 (wife) (T NC T), George W. 14, Docia 12, Mary S. 10, General 7, Ella C. 5, Rosie M. 2

Page 10, Dist. 1

79. DEMUMBRA, Mary 49 (widow), David 29, Rebecca 29 (dau in law) (T MA T), Fannie 5 (g dau), Jimmie 3 (g son), Ethel 1 (g dau); ABERNATHY, A. E. 16 (niece)
80. DEMUMBRA, R. S. 47, Sarah S. 52, Allen 21, B. R. 19, H. E. 17, R. H. 12, M. J. 5 (all sons)
81. ALLEN, G. B. (43) (T NC NC), Mary (T T VA) 47 (wife), Berry 18, Mary 16, Yana 18 (dau), Martha 11, Dolie 8 (dau), Florie 5
82. TAYLOR, J. E. 45 (T VA VA), M. H. 38 (wife), Catherine 18, Cherlie 16, Josephine 15, Lutitia 19, Hariet 11, Jennie 9, Tommie 5, Walter 3, Alice 5/12 (b. Dec)
83. CARNEY, A. J. 48 (T T MS), Katherine (T NC SC) 43, Isaac 24, Lizzie 19, Albert 15, Eliza 12, Sallie 10, Binam 5; CASEY, John 22 (boarder) (laborer)
84. CARNEY, G. J. 21, Malvina 19 (wife), P. S. 2 (dau), Anna T. 7/12 (b. Oct)
85. NEIGHBORS, Berton 50 (T __ __) (crippled), Martha 51, George 23, Carrol 19, Fannie 15, Alexander 12, William 29 (son) (widower), Charlie 6 (g son), Martha 3 (g dau), Edward 1 (g son)

Page 11, Dist. 1

86. BINKLEY, G. W. 46, Nancie 44, Amanda 17, Emma 15, John 13, Nancie 10, James 7, William 4
87. HARRIS, G. B. 42 (T VA T), Fredonia 42, Sallie 18, Mary 16, Eddie 11 (dau), Rufus 7, Charlie 4
88. ADAMS, G. W. 44 (T VA NC), Mary A. 39, J. W. 24 (son), E. F. 22 (dau), R. E. Lee 15, L. A. (dau), L. T. 10 (dau), T. B. 8 (son), C. R. 6 (son), J. K. P. 4 (son); EVANS, E. 20 (relationship not given), Georgeann 19 (wife)
89. CARNEY, J. P. 39 (county register) (T __ __), P. A. 35 (wife) (T NC); STEWART, Hortie (30) (sister) (T T NC), Verdie 8 (nephew) (T __ T)
90. YOUNG, J. S. 38 (T T VA), Mary J. 31, Minnie 19 (dau), H. J. 10 (son), Sarah 8, Charlie 3, Mary 1
91. BIGGS, John 57 (widower) (T __ __) (no occupation given)
92. POWER, S. D. 48 (lawyer) (T NC NC), Sallie 42 (T T VA)

CHEATHAM COUNTY

Hh# Page 12, Dist. 1

93. PARDEW, C. J. 34 (T __ T), Thursey 29, Densel 3 (son), Della 6/12 (b. Nov); ALLEN, T. J. 43 (sis in law), T. S. 23 (bro in law), Tennie 20 (sis in law); SCOTT, Thomas 22; BRIGHT, Milton 10 (T __ T); JONES, E. S. 26 (preacher) (T __ __) (relationships not given)

Page 13, Dist. 1, Ashland City

94. BINKLEY, A. 41 (dry goods merchant), T.? S. 28 (wife) (T Scot VA), Sammie 9, T. S. 1
95. WORK, A. 50 (laborer) (T __ __), E. J. 45 (wife), Jennie 18, Maggie 16
96. CARNEY, John 31 (dry goods merchant) (T __ __), Latitia 31, H. C. 6 (son), T. H. 4 (son), Bulah 2; BRINKLEY, S. M. (44) (sis in law) (T __ __)
97. CARNEY, Julius (B) 35 (T __ __), Isabella (Mu) 26 (wife) (MS __ __), Walter 10, Ida 8, George 6, Tommie 4, Reubin 2; NICHOLS, Joe (B) (30) (boarder) (T __ __)
98. PATTERSON, Luke (B) 20 (T VA __), Margaret 22, G. S. 9/12 (b. Aug) (son); SHEARON, Alice (Mu) (34) (T __ T) (relationship not given), Mattie 9 (dau), Mary J. 5 (dau), Ella 3 (dau)
99. GIBBS, J. T. 23, N. S. 19 (wife) (T T VA), A. T. 6/12 (b. Nov) (son), George 19 (brother)
100. HALE, M. C. 42 (widow); RHEA, L. H. (26) (son in law) (T __ __), Millie 19 (dau), Nannie 2; JENKING, B. 22 (B) (m) (servant) (T __ __)
101. BRADLEY, C. C. 44 (widow) (dressmaker) (T NC NC), William 22 (son) (T NC T), Alice 16 (dau) (T NC T)
102. FELTS, I. W. 55 (blacksmith) (T __ __), Elizabeth 54 (T NC NC), J. J. 21 (dau), I.? N. 17 (son)
103. DARROW, William 37 (cooper), Mary L. 28 (wife), Georgeann 2
104. SHAERON, Hannah (Mu) (24) (single), A. T. 5 (dau) (T __ T), S. R. 1 (dau)

Page 14, Dist. 1, Ashland City

105. HUNT, Mary (B) 27 (divorced) (T VA VA), Mary 3, Letti3 6/12 (b. Dec); HEWET, Price 28 (boarder) (laborer) (widower) (VA __ __)
106. EATHERLY, J. M. 30 (saloon keeper) (T __ __), Launa J. 23 (wife), Charlie 7, Bertie 5 (dau), Virgil 3
107. OAKLEY, C. A. 38 (timber dealer) (T __ __), T. L. 26 (wife), Ada 11, Mary T. 4, W. O. 2 (son)
108. CRAIG, J. T. 64 (editor) (T __ __), Hannah 52 (wife) (T __ __), Nannie 12 (dau) (T __ __); STANLEY, Mary 10 (niece) (T __ T); STEWART, William 18 (clerk in store) (T Scot VA)
109. RUST, J. E. 53 (no occupation given) (NY NY NY), S. T. 37 (wife), C. E. 21 (son) (M.D. student), W. E. 16 (son), Lillie 8, Jessie 4 (dau), May 1/12 (b. May)
110. MORGAN, G. W. O. 28 (shoe maker), G. A. 23 (wife), Nannie A. 1
111. WEAKLEY, R. 46 (county trustee), Roanna 37 (wife), E. B. 6 (dau), C. V. 5 (son), A. S. 2 (dau)
112. EATHERLY, William 36, Georgetta 26 (wife) (T VA T)
113. ADAMS, H. C. 35 (saloon keeper) (T __ __), Lucindy 27 (47?) (wife) (KY T T), J. H. 14 (son), S. H. 12 (dau), W. B. 10, J. L. 8 (son)
114. NICKOLS, R. S. 36 (carpenter) (T MA T), Una L. 31 (wife), L. B. 14 (son), Mary G. 12, James W. 9, Martha T. 4
115. BURCH, Robert 24, Mary 23, Gracie L. 7/12 (b. Oct); HYDE, Ham 18 (cousin) (laborer)

Hh# Page 15, Dist. 1, Ashland City

116. SMITH, J. W. 45 (no occupation given), Mary A. 23 (wife), M. W. 20 (son), Bettie 15 (dau), T. D. 13 (son), Sarah J. 9 (dau)
117. HOSKINS, T. J. 47 (carpenter) (KY __ __), Helen 37 (wife) (KY VA KY), Thomas 14, Joe 10, Charlie 4; JUSTICE, J. T. W. 50 (boarder) (saloon keeper) (T NC T)
118. CLARK, James P. 69 (jailer) (T NC NC), Rebecca 65 (T SC __); JONES, Armes 21 (prisoner) (farmer) (T __ __)
119. SLOAN, George L. 43 (hotel keeper) (NY MA MA), Lou? 39 (wife) (PA __ __), Arthor 20, George W. 18, Harry L. 8; GRIMM, Henrietta 14 (niece) (PA Ger PA); FELTS, R. J. 34 (boarder) (farmer); LAURENCE, W. P. 28 (boarder) (M.D.); STEWART, J. M. 23 (boarder) (laborer) (T __ __), James (35) (T __ __) (widower); PEOPELS, ___ (60) (boarder) (England __ __); McFARLAIN, D. S. 37 (boarder) (music teacher) (GA GA GA)
120. HOOPER, T. N. 55 (keeping hotel) (T GA NC), E. M. 51 (wife) (T VA T), A. J. 24 (son) (laborer), T. B. 20 (son), J. O. 17 (son) (clerk in store), E. C. 14 (son) (printer), H. C. 9 (son); ALLEY, Josaphine 29 (divorced) (dau), Tessie 7 (g dau), Litton 5 (g son)
121. BOYTE, G. W. 27 (Medical Doctor), Nannie 23 (wife) (T Ire T), Charlie 1
122. SHIVERS, A. C. (60) (widower) (sadler) (T NC VA), Martha 24 (dau) (KY T T), A. R. 22 (son) (KY T T) (laborer), Maggie 21 (T T T), Emma 16, Victoria 7

Page 16, Dist. 1, Ashland City

123. SANDERS, W. W. 45 (merchant) (crippled), Mary H. 35 (wife) (T Ire T), Myrtle 5, Yalima 3 (dau)
124. EDWARDS, J. T. 33 (T __ T), Mary L. 30, Thomas 12, Mary E. 9, Lela 7, Olive 64 (father) (widower) (T __ __); BRIANT, Tennie 32 (cousin)
125. CARNEY, H. B. 43, T. H. 37 (wife), Jenner 12 (son); MURFF, George T. 36 (son in law) (book keeper) (T __ __), Ellata 15 (dau) (married)
126. GOODRICH, Benjamin (B) 45 (T VA VA), Martha 33 (wife) (MS AL MS)
127. FIELDER, J. T. 24, Nannie 22 (wife); EATHERLY, Cornelia (23) (T __ __)

Page 17, Dist. 1

128. BOYT, A. 58 (T T SC), Elizabeth 53 (T __ __), M. J. 18 (dau), S. J. 15 (dau)
129. SANDERS, W. C. 60 (T SC VA), Rhoda 62 (wife) (T NC SC), William 21 (son); DICKERSON, Sallie 13 (relationship not given) (T __ __)
130. OBRIAN, Thomas (63) (brick mason) (Ire Ire Ire), R. E. 55 (wife) (T NC NC), Thomas 21
131. HOOPER, W. C. 27 (machineest) (T __ __), Fannie 26, J. Walter 8, Mary J. 8/12 (b. Oct); BARNES, Georgeann 21 (relationship not given) (single), J. E. 5/12 (m) (b. Jan)
132. WALKER, Adam (B) 30, A. M. 21 (wife), Moses 5, Sarah 3
133. SHIVERS, Ralph 80 (widower) (NC NC NC)
134. SIMMONS, A. J. 40 (IL T T), Tennessee (22) (wife), John A. 12, Lenard 9, Rebecca 7, R. A. 5 (dau), V. V. 1 (dau)
135. EASTRIDGE, T. 51 (T __ __), Mary 53 (T NC VA), Josephine 15 (MO T VA), Louizer 16 (IL T VA)
136. PERRY, John 44 (T NC VA), Sallie 45 (T VA T) Paul 19, W. W. 17 (son), J. H. 14 (son), Josaphene 11, Sarah 9, J. T. 7 (dau), James H. 5
137. EASTRIDGE, Alson 26 (T T VA), Jane 22, Mary S. 9/12 (b. Sep)
138. PERRY, Sampson 45 (T NC VA), Hester J. 28 (T __ VA), William T. 7, Viola 5, Emma L. 2

CHEATHAM COUNTY

Hh# Page 18, Dist. 1

139. BINKLEY, B. B. 40 (T T NC), Sallie 34, Maryann 13, James A. 10, Florence B. 4, Hirum B. 1
140. McCORMACK, Mary 71 (widow) (T NC NC)
141. FELTS, Susan 72 (widow) (T __ Ger), J. M. 38 (son) (T NC T), Martha 33 (dau) (T NC T), William T. 12 (g son) (T __ T), George 2 (g son) (T __ T)
142. SIMPKENS, J. W. 31, Jennie 27, Lidier 9, Eddie 8, Thomas 5, Mary 2, Eliza 63 (mother) (widow) (T __ T), Nannie 21 (sis
143. READ, David A. 25, Mary M. 30 (wife), George W. 1/12 (b. Apr); PERRY, John 17 (cousin) (laborer)
144. SMITH, Elisha 53 (T VA VA), Elizaann 40, W. E. 17 (son), J. B. 15 (son), Lillie E. 5
145. BOYT, W. J. 31, A. T. 25 (wife), William R. 6, Mary Etty 4, Docia L. 14 (cousin) (T T __)
146. BOYT, A. E. 22, Susan 19, Willie J. 1/12 (b. Apr) (dau)
147. BINKLEY, Henry J. 35 (T __ T), Susan R. 25, Henry W. 5, Mary V. 1
148. PERRY, James 60 (T SC VA), Nancy B. 58 (T VA VA), Mary J. 22, Arlena 14, Emerly E. 12
149. ALLEN, Jeferson 64 (T T NC), M. A. 45 (wife) (T SC SC), Isaac 24 (laborer) (son), James 14, Sarah 11

Page 19, Dist. 1

150. STEWART, W. J. 45, Mary J. 39, C. C. 19 (son), A. W. 17 (son), Ella Lee 15, Sarah E. 13, A. T. 9 (son?), Lillie B. 6, James E. 4, A. W. 2 (son)
151. ETHERLY, William 35, Lucy A. 30, James T. 12, Martha F. 10, Mary 8, Rhoda 4, William C. 2
152. EDWARDS, Nelson (B) (45) (single); SHEARON, Cinthia (Mu) 37 (sis) (widow), Mary (B) (16) (cousin); SHOW, James (B) (11) (nephew)
153. DOUGLASS, A. R. (m) 24 (T VA T), Virginia 21 (T NC T), David P. 2/12
154. SIMMONS, Washington 35, Adaline 29 (T __ T), John 10, Susie 8, Mary 7, Lizzie 4, Hattie 5/12 (b. Dec)
155. READ, James H. 3, Lona G. 27 (T VA T), Mary J. 9, Norah C. 7, Virginia Y. 4, Suson E. 2, W. Lawrence 3/12 (b. Feb)
156. HARRIS, W. H. (m) 39, Martha J. 32, Winnie? May 10, James W. 7, Edwin A. 2
157. SANDERS, G. A. 55 (T NC GA), Phoeby 56 (T SC VA), James E. 23
158. WOOTEN, William 59 (VA Scot Ire), Nancie 43 (wife); COON, Narcissa 48 (sis in law) (single)

Page 20, Dist. 1

159. APPLETON, William 27 (T __ __), Sarah Y. 29 (MS AL __)
160. APPLETON, Alford 65 (T NC NC), Hariet 56 (T NC NC) (crippled), Robert 19, Woodard 17 (chills), Boyd 16 (g son), Williams 13 (g son)
161. APPLETON, C. H. (m) 43, Y. Jane 43, Josie 19, William H. 17, James 14, Willis 13, Dorah B. 8, Charlie W. 2
162. PARISH, B. W. (m) 36, Mattie 25, Lizzie 7
163. SANDERS, Rosa (B) 50 (widow) (T __ __), Mark 19, Philis 14
164. BRINKLEY, S. J. (m) 27, S. E. 33 (wife), Hattie 3, Binam 1, Katherine J. 64 (mother) (T __ T), James A. 23 (bro) (T VA T); MARTIN, Taylor (B) 19 (servant)
165. GARDNER, Thomas 35 (Mu) (KY __ __), Mahaley 22, J. T. 2, Almeda 1
166. SHIVERS, Elizabeth 52 (widow) (T NC T), Thomas 22, Joseph 19, Jessie S. 17, Susan E. 15, Sarah J. 12, Mary H. 10

Hh# Page 20 (cont'd)

167. SHEPHERD, James (B) 29 (VA VA VA); DICKERSON, Buck 68 (T VA VA), Fannie 48 (wife) (VA VA VA), Susan 27 (T T VA), Celie 25, Belle 18, Billie B. 14, William 12, Nancie 12 (T T T), General 3 (g son), Fannie 1 (g dau)

Page 21, Dist. 1

168. SKATES, Hariet (B) 60 (widow); HUNT, Dick 40 (son); SKATES, Eliza 17 (dau); HUNT, Lillie 5 (g dau); WAULS, Soloman 35 (son in law) (widower) (T __ __), Charlie W. 3 (g son), Hattie 1 (g dau)
169. PLATER, Rebecca (B) 35 (T __), Lizzie (Mu) 12 (dau), Levia (B) 10 (dau)
170. BRINKLEY, W. B. (m) 34 (slaughterer) (T VA T), Tennessee 37 (T T VA), Lillian 8, Sammie 7, Lulah 5, Eugene 3, Claude 1
171. READ, George W. 27, Sarah T. 27, William S. 7, Lillian M. 1
172. SHAVER, George W. 33 (T __), M.? A. 35 (wife), William Y. 7 (T __ T), Walter G. 5 (T T T), Andrew J. 2 (T __ T), J. Lawrence 1/12 (b. Apr) (T __ T)
173. OZBURN, J. M. (m) 48 (chills) (T NC T), Sarah 38 (T VA T), Belle 19, Johnie 17, Bettie 8, James B. 3; HOLLIS, Susan 45 (sis in law) (T VA T)
174. SMITH, Walker (B) 28 (VA VA VA), Charity (Mu) 23, Martial 9 (son) (T VA T), John H. 5 (T T T), James 2 (T VA T)
175. SHAW, Geo. H. (B) 28 (T T NC), Charity 26, Rachel 7, Hariet 1; HEWET, Ella (Mu) 4 (niece)
176. LENOX, J. J. (m) 42 (lawyer), Hariet 38 (T __ T), J. Kent 19, Mary A. 16, Samuel 16, Charlie B. 14, Lulah 11, J. W. 10 (son), C. V. 4 (son); PEOPLES, Lucretia 60 (relationship omitted) (widow); LENOX, Buck (B) 19 (servant)

Page 22, Dist. 1

177. DICKERSON, A. 29? (widow), Albany 7 (dau), Lewis 3/12 (b. Feb); DEMUMBRA, Masnerva 60 (mother) (T __ __), Tennie 10 (niece), PROCTOR, Daniel (B) 18 (farm laborer) (T __ __)

Page 1, Dist. 2

1. BINKLEY, Asa N. 67 (T Ger __), Milly 50, Asa N. jr. 22, S. A. D. 8 (son), Georgia A. 20, Alice 9, Rosa Bell 5; BIDWELL, John (B) 10 (farm laborer)
2. BOSS, John 56 (T VA VA), Elizab. 40, Sarah Ann 13, George 5, Frank 2; BINKLEY, Drucilla 70 (mother) (T VA VA)
3. BINKLEY, E. J. (m) 70 (T GA GA), Huldy M. 72 (T NC SC); BOYD, Martha 14 (g dau), Hulda 16 (g dau)
4. BINKLEY, J. R. 42 (m) (T T NC), M. E. 38 (wife), Lontosia 19, M. O. 13, Nancy A. 11, Hiram W. 9, Geo. F. 7, Joseph F. 5, Henry J. 1
5. SIMPSON, Wm. 21, W. F. (m) 51 (relationship omitted), Sarah D. 41 (wife) (GA MD SC) Sarah A. 19 (dau) (T T GA), Geo. J. 11 (T T T), John N. 8, Mary F. 5, Emma E. 1
6. WALKER, W. C. (B) (m) 20, Lucy 19
7. NICHOLS, William (B) 72 (rheumatism) (NC NC NC), Adeline 23 (dau) (T NC NC); TURNER, William 12 (g son); NICHOLS, no name) (f) 1/12 (b. May); COUNCEL, Roxana 45 (VA VA VA); NICHOLS, Geo. 8 (with mother), David 5 (with mother), Mary Susan 3 (with mother)
8. WALKER, M. C. (m) (B) 51 (T VA NC), Ama 31 (wife) (T __); ELLET, James W. 14 (step son); WALKER, George Ann 14 (dau), Martha Jane 9, Emma 2, Emely 2, Jane 60 (sis in law) (insane)

CHEATHAM COUNTY

Hh#   Page 2 (cont'd)

9. McLEAN, R. N. (B) (m) 66 (T VA VA), Emely 57, William 13
10. THOMAS, John C. 44 (carpenter) (KY NC NC), Johnella 18 (wife) (AR IN __), Sally 6 (dau) (KY KY AR), Susan 7/12 (T KY AR)
11. BRIDGES, Henry 85 (retired hotel keeper) (KY VA VA); RAWLS, Susan C. 54 (dau) (KY KY KY)
12. BENNETT, J. J. (m) 35, Susan E. 20 (wife), Mattie 2; MOSIER, Elizabeth 75 (g ma) (NC NC NC); VANTRESS, Mary Ann 18 (sis in law)
13. VANTRESS, A. J. (m) 42 (cooper), Ursula 39, Nancy 11, Ida 9, James E. 7, Andrew J. 3, Sarah L. 1
14. BENNETT, Wm. 72 (T NC __), William J. 22 (son), Elizabeth 26, Saml. J. 24, Martha V. 20, Melvin E. 3 (g son)
15. DICKENSON, Josh 29 (works in saw mill), Margaret 23, James 4, Josephine 10/12 (b. Aug)
16. CARNEY, Alex 33, Mary 32, Willie A. 12, Geo. A. 11, Willis A. 9, Martha J. 7, Mary M. 4, Charles LaF. 3, Sarah E. 5/12 (b. Jan); COFER, W. F. 22 (laborer); ARRINGTON, James 23 (laborer) (works in __ mill)

Page 3, Dist. 2

17. BINKLEY, Tazwell 30 (works in timber), Martha 25 (T NC NC), Henry 11, Willie 3, Tazwell J. 1
18. MORRIS, Josh 34 (works in saw mill), Angeline 22, John 15 (son), Martha 13 (dau), Mary 11 (dau), Shadrach 8/12 (b. Jan) (son)
19. PARISH, R. J. 34 (NC NC NC), Emely J. 20 (wife) (T T NC), Martha A. 1 (KY T T), WILSON, Rebecca 107 (g mother) (not bedridden?) (NC Ire NC)
20. ANDERSON, John H. 31 (VA VA VA), E. 28 (KY KY T), Charles H. 9 (KY VA KY)
21. ANDERSON, F. A. (m) 58 (VA VA VA), Martha 59 (paralasis) (VA VA VA); SAMPLES, Sarah H. 31 (dau) (KY VA VA); ANDERSON, Olla 13 (g dau) (T T KY), SAMPLES, Susan A. 10 (g dau) (T GA KY)
22. ANDERSON, C. E. 31 (VA VA VA), Martha 24 (KY T NC), David 2 (T T KY), Sam H. 1/12 (b. May) (T T KY)
23. FARRIS, C. W. 52 (iron moulder & farmer) (T VA VA), Martha J. 48 (T VA T), Charles E. 18, George 15, Sam 13, Sopha L. 9
24. NEWMAN, John F. 31 (T NC NC), Mary A. J. 26, Geo. F. 9, John R. 7, Dolly E. 5, William R. 1
25. CRANTZ, Michael 29, Judy Ann 29 (T NC NC), Martha Ann 7, Elvina 5, Ellen 3, Rosa Ann 1
26. CASEY, W. J. 35, Rosey F. 40 (nervous debility), Isham M. 16, Joan 10, Mary D. 7, Susan 5, Martha 2

Page 4, Dist. 2

27. PROCTOR, J. R. (m) 40, Martha J. 28 (dispepsa) (T NC T), Emelina 8
28. JENKINS, Jas. H. 62 (VA VA VA), Elizabeth 52 (T VA T), Micajah 30, D. F. 29 (son), Obadiah 26, Emma 18, Ida 16, Henry C. 14
29. FELTS, C. R. (m) 49 (diseased liver) (T NC T), Mary Ann 37 (T OH T), Argil J. 3; RAMER, Mary D. 53 (sis) (T NC T); FELTS, Sarah M. J. 32 (sis) (neuralgia) (T T T)
30. FELTS, Nancy M. 55 (T NC T), George R. 32 (son), Susan J. 27, Tennessee Kitty 25, Ann 22, John B. 19
31. FELTS, W. W. (m) 75 (widower) (NC NC NC), Nancy 87 (sis) (NC NC NC), Sopha H. 23 (dau) (T T T), Sarah W. 18
32. CARNEY, R. F. (m) 21, M. J. 31 (wife) (T NC T), E. S. 2 (son)
33. FORD, Frank 24, Mary E. 19, Henry J. 1

Hh#   Page 5, Dist. 2

33. FELTS, M. F. 25, Margaret 17, Robert 5/12
34. FELTS, John L. 51 (gravel) (T NC T), Elizabeth 44 (liver disease) (T VA T), Emely 21, Josephine 17, George B. 15, Henry 13, Nancy Ann 11, Robert 9
35. BINKLEY, Robt. 54, Nancy A. 51 (chills) (T VA T), Hardy C. 13
36. SCOT?, W. A. 32, Annie 29, Mary 10, David 9, Sally 7, Jassy 3 (son), Joshua 1
37. ROOF, W. S. 21 (T PA T), Lucy A. 20 (married within yr)
38. TURENTINE, W. M. (m) 41 (T T NC), Mary J. 29, R. D. (m) 13, Celia Ann 11, John B. 8, Alis (f) 6, Charles 4, Mary J. 1
39. MILLIKEN, Geo. R. 40 (T NC NC), Martha A. 45, Sam H. 22, Alexander 14, Elias K. 1
40. BABB, J. M. 30 (farmer & cooper) (T KY T), Geo. Ann 28 (wife) (T T VA), Robert E. 4, Minnie 3, Anna Bell 1, James J. 3/12 (b. Feb)
41. WALKER, Jos. M. 36, Martha J. 30, Robt. W. 14, Hannah L. 12, M. C. 7 (son), Newton A. 5, Clawdy Jane 1 (dau)
42. HICKS, J. D. 39 (m), A. R. (f) 31, Mary J. 10, Rita C. 9, J. D. 6 (son), Nancy E. 4, Martha C. 2, Emma S. 3/12 (b. Mar)

Page 6, Dist. 2

43. MILLIKEN, Alfd. 22, Veleria 16
44. FRAZER, Saml. (B) 54 (T __ __), Eliza 23 (dau) (T T VA), Mary 13, Susan 11, Martha 2 (g dau)
45. FRAZER, William (B) 25, Jereline 27, WILLIAMS, B. W. 4 (step dau); FRAZER, Sarah 1 (dau)
46. LONG, John 40 (PA PA PA), Elizabeth 39 (physician) (IN MA IN), Emma 11 (MI), Arthur I. 9 (MI), Willie 6 (T), Grace 4 (T)
47. FELTS, R. R. jr. (m) 29 (T T NC), Cedonia H. 22, James F. 6/12 (b. Apr)

Page 7, Dist. 2

48. MAYO, Stephen 22, Fanny 20, Hattie 1
49. MILLIKIN, James K. 56, Mary A. 46 (KY T NC), Mary R. 6, John H. 4 (KY), Saml. J. 26 (nephew); DOUGLASS, Margarett 64 (friend) (GA NC VA)
50. BONE, William 35, Nancy 29, Joseph 12, Stephen 10, Eddie 7, Matt 6, George 3, Frank 1
51. FELTS, John A. 23, Martha L. 17
52. EVANS, W. M. (m) 39, Sarah 28, Caroline M. 8, Sarah J. 6, William L. 4, James K. 1
53. MILLIKIN, J. S. 25
54. BINKLEY, J. F. (m) 26 (cooper), Lilly F. 20, Viola 3, Berry 1
55. MAYO, Geo. 60 (indigent) (blind) (T VA VA), Malinda 44 (wife), Robert 13, Fanny 12, Mary 8, Payton 10, James 2
56. RAY, J. R. (m) 54 (consumption) (NC NC NC), Elizabeth 36 (wife) (GA NC SC), Fannie 12, Mattie 10, Lizzie 7, John M. 5 (flux), L. R. 1 (son)
57. SCRUGGS, Wm. 46 (T VA IN), Sally 36 (T T VA)
58. CHAMBLESS, Joseph 23, Delia 23 (deaf & dumb), Sally 4/12 (b. Feb)
59. KNIGHT, E. N. 60 (m) (T NC VA), Sally 60 (liver disease) (T NC T), L. R. 15 (dau)

Page 8, Dist. 2

60. KNIGHT, Wm. L. 39, Emely A. 36, Handy H. 4 (son); MASSIE, Sarah 16 (servant); KNIGHT, Peter 22 (cousin)
61. KNIGHT, Jas. A. 62 (rheumatism) (T NC NC), Nancy 62 (T GA GA), Parthena 26; ARRINGTON, James 15 (g son)
62. COLE, Wm. (B) 46, Jane 38, Lucy 16 (step dau), Wm. A. 16, Moses E. 14, John 14 (step son), John W. 10, Willie 4 (dau), Daniel T. 1 (b. May)

5

CHEATHAM COUNTY

Hh#	Page 8 (cont'd)
63.	MATHIS, Wm. H. 33, Lutha B. 32, Allice R. 10, Cage 8, Sarah J. 4, Henry C. 3, Susan 2, Jeremiah W. 11/12 (b. Jun)
64.	RAMER, Geo. W. 51 (T NC GA), Elizabeth 51 (T GA NC), Telberry (f) 21, Thomas 18, Susan I. 12, William M. 9, Louella 4, Melberry (f) 21 (lunatic)
65.	LEIFRITZ, Diomas 70 (Ger Prussia Prussia), Magdelene 68 (Ger Prussia Prussia)
66.	LEIFRITZ, Stephen 43 (Ger Prussia Prussia), Benidige 30 (wife) (Ger Prussia Prussia), Magdelina 8 (T), Mary 5, Theressa 2, Charles 1/12 (b. May)
66.	HERIGES, Jos. 56 (PA Ger Ger), Frances C. 53 (VA VA VA), Mary J. 25 (KY)

Page 9, Dist. 2

67.	COOLEY, W. 47 (farmer & miller) (T NC T), Olivia F. 35, Wm. A. 7, Eliza Ann 5, Saml. 4, Vick 2 (dau), Jacob 8/12 (b. Sep), Eliza Ann 57 (mother); ALLISON, Grant (Mu) 13 (works on farm) (T __ T)
68.	KNIGHT, Andrew 57, Rebecca 35, Edward 13, Allice 9, Ida 7, Alcey (f) 5, Kittie 3, Clem N. 9/12 (b. Feb)
69.	CLINARD, Robert 24, Georg Ann 22, Lawrence? 3, Hilly? 1; KNIGHT, Hester 67 (mother in law) (housekeeper & midwife)
70.	KNIGHT, James 46, Sarah A. 43, Mary J. H. 18, Robert E. L. 16, Milton B. 14
71.	RAMER, Henry 46 (hemeroids) (deaf & dumb), Martha 56 (wife) (cancer), Jeremiah 24, Elizabeth 21 (null?) (place of birth omitted), Edward 17 (deaf & dumb), Cheatham 14; ARRINGTON, Kinny (f) 24 (relationship omitted)
72.	KNIGHT, W. H. (m) 45, Andrew J. 16 (son), Charles J. 14, Wm. H. 11, Danl. J. 8, James H. 5
73.	BARNES, Robert 26, Martha A. 24
74.	RAMER, Geo. A. 27, Susan C. 39 (wife) (KY AL KY), Rosabell 7, Nancy J. 4, Susan A. 1; HAMPTON, Elizabeth 18 (step dau) (KY T KY); RAMER, Geo. W. 11/12 (b. June) (g child) (T __ T); RAMER, Wm. F. 11 (step son) (KY KY KY); HAMPTON, Margaret 5/12 (b. Jan) (step g child) (T T KY)

Page 10, Dist. 2

75.	JOHNS, E.? I. 52 (farmer & engineer) (OH CT MA), Betty 35 (wife) (T PA T), D. J. (m) 19 (works in sawmill), Martha C. 17, Joseph G. 16, Margaret 13; SMITH, Florence 21 (dau); JOHNSON, Joseph 32 (carpenter--works in sawmill) (T PA T); JOHNS, Wilber F. 23 (son) (works in sawmill)
76.	DOWLEN, Dute Andrew (B) 43, Mary 32, Minnie 14, Milton 12, Price A. D. 8, Mary Lou 3, Thetore? (m) 7, Wenora 1
77.	RAMER, Eli M. 44 (lumberman), Dice Ann E. 30 (wife), Rush M. 9, John Richd. 6
78.	BINKLEY, George 29, Florence 28, Zecheriah 8
79.	HOFFA, W. B. 58 (teacher & farmer) (PA PA PA), Harriett A. 49 (wife); CROCKETT, David C. 23 (stepson), Mary 18 (step dau)

Page 11, Dist. 2

80.	FARMER, James 38 (T VA T), Angeline 32 (wife), Nora C. 12, Judy M. 9, Elizabeth 6, Henry J. 4
81.	ROSE, Wm. M. 43, Sarah C. 40; GRAY, Araminta 12 (step dau) (servant)
82.	BINKLEY, Marc? 30 (works in carpenter shop), Charlotte 28, Gideon 10, Laurince J. 8, George 6, Mulligan 4, Dolly 2, Hubert 4/12 (b. Jan)
83.	BINKLEY, Nicholas N. 43, Nancy M. 37, Mary Jane 20, Relief N. 15, Lucinda F. 12, Luvina E. 10
84.	BINKLEY, Hiram 33, Elizabeth 34

Hh#	Page 11 (cont'd)
85.	DUNON?, Joseph D. 55, Lutitia F. 38 (wife), Martha J. 32 (dau), Josephine A. 18, Huldy L. 15
86.	BINKLEY, Mildred 44 (widow) (farmer), Thomas B. 24 (son) (no occupation), Ricard F. 22 (works on farm), Rebecca 20, George 11, David 8, Lenora 6
87.	RICHARDSON, Sally W. 38 (widow) (farmer), Calvin 20 (son) (works on farm), Tabitha 80 (mother) (widow) (NC NC NC); SAMUELS, Susan 12 (niece); DeLONG, J. 45 (laborer) (OH Fr Ger)
88.	BINKLEY, Carroll F. 35, Mary E. 33 (KY VA KY), James H. 12, Alice 8, Andrew F. 6, Edward T. 3, Newton 1; FRALEE?, Margaret 59 (mother in law) (widow) (KY NC SC)

Page 12, Dist. 2

89.	DERROW?, James A. 31, Elizabeth 32 (T __ T), Marth A. 12, William F. 10, Lucy L. 8, George W. 5, Elijah 2
90.	BINKLEY, Black F. 46 (single) (sun srick), Peter W. 18 (nephew)
91.	MERCER, Jas. K. P. 35, Nancy M. 21 (wife), Mary A. 12 (dau), Wm. Riley 10, James D. 8, Joseph F. 5, Henry J. 2
92.	COCHRAN, James 46 (T NC T), Mary E. (wife) 36, Eli 21, Walker 18, Martha 16, Virginia 14, Robana 12, Isaac S. 10, Modenia 8, Ewing N. 6, Infant (no name) 9/12 (b. Sep) (son)
93.	DARROW, Isaac 25, Mary 25, Allen 4, Riley 2
94.	REDICA, W. R. 48 (widower) (MD Poland Poland), Riley 21 (T MD T), Andrew 17, Amanda 15, Mary 11, William 9, Joseph 7, Wiley 5 (all children are (T MD T)
95.	CRANTS, Thos. W. 25, Nancy J. 20, Matilda J. 11/12 (b. Jul)
96.	ROSE, James H. 47 (T NC T), Sarah 47, Henry J. 17, Mary E. 14, Eliza Ann 13, Sabra C. 12

Page 13, Dist. 2

97.	CRANTS, Michael 29, Judy 29, Martha 7, Elvina 5, Ellen 3, Rosanna 1
98.	BROWN, James 53 (NC NC __), Ellen 51 (NC NC NC); YOUNG, Susan 34 (step dau) (NC NC NC); NEWMAN, George 16 (step son) (T NC NC); YOUNG, Frances 14 (grand step dau) (T __ NC), Harriett 11 (step g dau) (T __ NC), Delilah 2 (step g dau) (T __ NC); NEWMAN, Nancy 22 (step dau) (T NC NC), Cheatham 8/12 (b. Nov) (step g son)
99.	PERRY, James 52 (phthisic), Gilly Ann 44, James 21, Mary 18 (dau in law), Joseph 20, Idah 18, John 16, William 13, Frank 12, Robert 9, Harrison 7, Caleb 7, G. J. Tilden 4 (son)
117.	(sic--out of order) MORRIS, Thomas 20 (brother), Geo. W. 23 (bro) (partially blind)

Page 14, Dist. 2

100.	CRANTS, David 58 (T NC NC), Lavina M. 54, Joseph 12 (son), Melvina 9 (dau), Eveline 16 (g dau)
101.	ARRINGTON, Geo. jr. 28 (works in cooper shop), Mary Ann 23, King David? 6, Dolly E. 4, James R. 1
102.	CLARK, Nancy 30 (widow) (crippled), Lily 12, Harreit 9, James 4, Willie 3, Mattie 4/12 (b. Feb)
103.	ARRINGTON, Geo. sr. 60, Mary 53, Julia Ann 17, Mary 14
104.	GUPTON, Phil (B) 62 (T __ __), Gilly 60 (T __ __), Irving 9
105.	DOWLEN, David (B) 25 (cooper), Nancy 21, Charlotte L. 5, Miles 4, Georgia 1 (son)

CHEATHAM COUNTY

Hh#	Page 14 (cont'd)
106.	EDGENT, John A. 79 (NC MD NC), Letha 68 (NC Eng MD), Mary 39 (dau (single), James 18 (g son), Georgia Ann 6 (g dau) (T T NC)
107.	BIGGS, Ruben 47 (T T NC), Sarah Ann 48, James M. 31, Mary Ann 21, Frances 17, Alice J. 15, Martha 13, Joseph C. 11, Reubin F. 8
108.	BIGGS, Charles 18 (son) (works in timber), Catherine 22 (dau in law)
109.	ANDERSON, Geo. J. 36 (farmer & Huckster) (VA VA VA), Elizabeth F. 42 (wife) (T NC T), Mary A. M. 12, David C. 11, Henry E. 9, Nancy H. 7, Squire Geo. 3

Page 15, Dist. 2

110. TOMLIN, Hudgin 33 (farmer & cooper), Elizabeth 22 (wife), Major 1
111. DOUGLASS, James 28 (T __ __), Eveline 28, James W. 11, Mary Ann E. 9, Charles F. 7, Ed 4, Stephen 1
112. DOUGLASS, Chas. J. 26 (works in timber?), Mary E. 20, William L. 3, Wilmoth A. 2 (dau), Mary M. 1/12 (b. May)
113. SHADOWIN, Chas R. 28 (works in saw mill), Josephene 15 (wife), Chas. R. 7
114. BINKLEY, Frank P. 27, Mary 20, Laura 4, Melvina 2, William 1
115. BINKLEY, M. M. 44, Nancy F. 33, Lucy P. 12, James R. 11, Mary M. 9, Thomas C. 8, Charles E. 5, Elizabeth M. 2, Olivia 1

Page 16, Dist. 2

116. BINKLEY, James M. 30, Lucy C. 25, George T. 14, James M. jr. 11, Samuel H. 9, Thomas A. 6, Wellington N. 1
117. MORRIS, James N. 33, Eliza 29, Joseph 11, Melvin 5, Ada 4, Ellen 1
118. BINKLEY, John A. 43, Eliza 39, Mary T. 21, Henry B. 18, Allen L. 17, Nancy A. V. 12, Andrew J. 10, Hattie S. F. 8, Sarah R. 5, Malinda J. 3
119. WILLIAMS, Miser (Mu) 26, Rinda 39, Felix W. 9 (step son), Mary J. 3 (dau), Martha J. (B) 3 (dau)
120. WILLIAMS, Celia (Mu) 54 (widow), J__ Westley (B) 10 (son), George A. 6 (son)
121. WALKER, John (B) 37 (works in timber), Jennetta 22 (wife), Celia A. E. 5, John W. 11/12 (b. Jul)
122. ABERNATHY, L. 41 (T VA VA), Mary 33 (wife), Laborn M. 13, John 11, Jenny 8, James 6, Edda 5 (dau), Virda 2 (son), Birdie 2 (dau)
123. HENDERSON, Robert 63 (works in timber), Margaret T. 48 (wife), Joseph Martin 5 (step g son), James W. 20 (son), Marg. Ten. 16, Wiley A. 14, Sarah R. 8

Page 17, Dist. 2

124. CAGLE, Charles S. 28 (miller & farmer), Emely L. E. 24, John C. 2, Mary E. 2/12 (b. Apr), Ned C. 31 (brother) (works farm & mill); MOSIER, James 30 (laborer) (works farm & mill)
125. DESMUMBRA, James W. 24 (farmer & trader), Martha Ann 23, Mary Jane 2
126. BINKLEY, James S. 34, Mandelia 23, Julia Ann 5, Docia E. 4, Adam L. 1
127. CAGLE, Alin 35, Elizabeth 31, John 10, William 16, Wilborn 7, Sarah Ann 3, Julia Ann 8/12 (b. Oct)

Page 18, Dist. 2

128. BENNETT, Jacob 42 (works in b s shop), Elizabeth 29 (works in house & b s shop), Sally Ann 13, James W. 11, Lydia Ann 7, Mary E. 5, Samuel 1
129. HEFF, Jacob 52 (stone mason) (Prussia Prussia Prussia), Luvina 25 (wife) (IN IN IN), Jenny? 9, James 3
130. PERRY, Robert T. 36 (stone mason), Rache T. 30

Hh#	Page 18 (cont'd)
131.	BENNETT, John 28 (teamster), Josephine 22
132.	HUNTER, Samuel (B) 40, Elliss 24 (wife), Loulvina T. F. 9, Harvy M. G. 6, James R. 5, Hannah R. 1, William G. 18, Victoria 15; TEASLEY, Rupsey? 70 (mother in law)
133.	JAMISON, John (B) 21 (day laborer), Mary Jane 23, Mary 1
134.	BINKLEY, Leonard 39, Martha J. 30; TAYLOR, Emily F. 12 (niece)
135.	FARMER, Nathaniel D. 53, Lucinda C. 49, John 21, Lucinda 12; ROSE, William C. 21 (son in law), Martha Ann 17 (dau)
136.	BINKLEY, Henry J. 44, Margaret 41, James T. 21, Leonidas J. 19, Nancy T. 15, William F. 13, Mary T. 12, Araminta 10
137.	MORRIS, Henry 26, Nancy 24, Lucy E. 8, Charles B. 2, Robert 1/12 (b. May)

Page 19, Dist. 3

138. STRITCH, Garret 38 (clerk in store) (Ire Ire Ire), Katie 25 (IN Ire Ire), Thomas J. 5, Garret J. 3, Mary M. 1; LEWIS, Eugene C. 32 (superint of powder __); HIDE, Amanda 20 (Mu) (servant); LOVE, Judy (B) 12 (servant)
139. OBRIEN, Wm. H. 32 (broom maker) (T Ire T), Margaret J. 33, Maud A. 8, Oley M. 6 (son), Willie W. 5 (dau)
140. HUDSON, John A. 61 (physician) (widower) (PA PA SC), George D. 27 (son) (physician) (PA PA PA), Iola 17 (dau in law), John J. 5/12 (b. Dec) (gr son); STERRY, Mary Ann 25 (maid of all work) (T NY T)
141. BINKLEY, Emily M. 37 (widow), Mary W. 17 (dau), John M. 10, Margaret M. 9, Colonel S. 7, Minnie O. 6
142. DISMUKES, Melvina 62 (widow), Elizabeth S. 34 (dau), Orvil A. 27, Watson B. 25; WILLIAMS, Henry (B) 8 (servant)

Page 20, Dist. 3

143. BINKLEY, Wi-liam (Mu) (Buck) 49, Hannah (B) 67 (wife), Narcissa 10 (dau)
144. BINKLEY, Simeon (B) 55, Louisa 52; HYDE, Prissilla 69 (mother in law); ADKINSON, Sarah 14 (step dau in law), James 8 (step son in law), David 6 (step son in law); EMERY, Sam 53 (laborer) (widower); HYDE, Mack 4 (step grand son in law)
145. MORRIS, Wilson L. 44, Eliza A. 33 (T OH T), Susan M. 18, Henry L. 9, James 8, Franklin 5, Jane 4, Nettie 2
146. HARRIS, Mathew 33 (works in powder mill) (heat ache), Martha E. 28, Martha L. 11, William H. 10 (one eye out), James R. 8, George 6, Nora Bell 3, Mary E. 1, Lenora 17 (sis in law)
147. CULLUM, William 45 (works in mill), Emily C. 43, William J. 18 (works in cooper shop), Joseph 11, David 5
148. NICHOL, David 21 (works in carpenter shop) (T MA T), Mary 23 (T France Fr), Mary L. 1, Jesse 11 (brother)
149. DERROW, George 25 (works in cooper shop), Nancy E. 21, Minnie 3, Jennie 3, George F. 2, Lillie 1/12 (b. May), Willie 1/12 (b. May)
150. BOYD, Mathew H. 52 (works in powder mill) (bowels) (KY KY KY), Eliza J. 51 (NC NC VA), Mary H.? C.? 18, Letsey V. 16, Charles H. 10

Page 21, Dist. 3

151. CULLUM, David C. 44 (justice of the peace), Susan R. 40, Martha 16, Mary E. 11, Bettie 10, Jennie L. 5, James W. 3, Geo. W. 1
152. NICHOL, William C. 37 (carpenter & miller) (T MA T), Theresa C. 35, Mary E. 14, Martha 10

7

CHEATHAM COUNTY

Hh#	Page 21 (cont'd)

153. LANIER, Edmund (B) 51 (works in BS shop), Ann 47 (hemorage of lungs), Lula 14 Willie B. 11 (dau) (chills & fever), Thomas 8, Britt J. 6
154. FIKES, Benjamin (B) 30 (cold) (T NC NC), Mattie 23, John T. 7, Martha E. 5, Arrena 3, Clara M. 1
155. EDWARDS, Josh 37 (B), Minnie 23, Martha 10, Joseph W. 4, George A. 2, St. Elmo 2/12 (b. Mar)
156. CRAIGHEAD, James (B) 25, Florence 22, Jennie 1, Ugene 1, Carltan B. 5/12 (b. Mar); WILLIS, Susan 13 (sis in law) (nurse), Mack C. (Mu) 21 (cousin)
157. HOOPER, William C. 28 (machinist), Frances 27, James W. 8, Mary A. 7/12 (b. Oct); BARNES, Georgia 18 (wife's cousin), Joseph 3/12 (b. Feb) (wife's cousin's child)
158. SIMPSON, Gabe 55 (T __ __), Emeline 43, John A. 18, Rebecca A. 16, William R. 14, Mary E. 9, James W. 7

Page 22, Dist. 3

159. NEWLAND, Thos. 50, Susan 35 (wife), Emma A. 14, Mary F. 14, William 11, Eliza E. 9, Lavella J. 7
160. NEWLAND, Paris 52, Mary 38, Elizabeth 14, John 12, Davidson 10, Mary 7, George 6, Joseph 4, Tennessee F. 1; GATEWOOD, Chas.? (B) 32

Page 23, Dist. 3

161. ETHERLY, Lucinda 68 (widow) (gardener), Elmira 22 (nervousness--crippled)
162. PERRY, William F. 35 (T T VA), Christena 27 (T NY KY), William B. 13 (T T KY), Mary J. 11 (T T KY), John H. 8 (T T KY), Sam N. 7 (T T KY), Allice E. 5 (T T KY), Fannie 4 (T T KY), James W. 2 (T T KY)
163. BUSH, Carter (Curtis?) (B) 72 (NC NC NC), Margarett 40 (wife), Eliza 11
164. WILSON, Peter (B) 42, Ella 34, Belle 11, Mary 9, James 7 (stepson), Charles 2 (stepson), Lee 1 (son)
165. SHEROW, Claiborn (B) 45 (works in timber), Ann 40, Luisa 12, Mary E. 10, Florence A. 8, Geo. W. 6, William I. 4, Susan D. 1
166. WILLIAMS, Chas. (B) 36 (farmer & preacher), Fannie 32, John 14, Albert 10, Charles 8, Ellen 6, Mariah 5, Thomas 1
167. DOWLIN, Ella (m) (B) 50, Mahaly 30 (wife) (T __ __), Andersen 14; MALLORY, Sally 7 (step dau), Nora 4 (stepson), Wiley 3 (step son)
168. POWERS, John (B) 24 (ox driver), Marina 21, Eliza 2, Mary M. 6/12
169. WASHINGTON, John (B) 60, Hannah 56; WHITE, Eliza 22 (niece), William 20 (nephew), Thomas 6 (nephew)

Page 24, Dist. 3

170. JUSTICE, Robt. E. 25, Rosa Ann 22, Edward 2, Elizabeth 1; MITCHELL, George Ann 20 (servant); SUGGS, Link (B) (m) 17 (laborer)
171. WACKER, Sterling 60, Rosa Ann 50, Sterling B. 13, Harriet C. 13; GAPTON, John (B) 17 (laborer)
172. GATEWOOD, William 64 (widower) (KY KY KY), John H. 23 (son), Heritage 22 (dau), Mary 20, Charlotte 18, William 15, James 12; HARRIS, Sarah 60 (sis)

Page 25, Dist. 3

174. WALKER, William 27, Prossella F. 26, William B. 6, Anna L. 3; MITCHELL, Harriet L. 13 (sis in law)

Hh#	Page 25 (cont'd)

175. HARRIS, Burass F. 40, Lucrecia 32, Jesse Thom. 13, Mary Ann 11, Victoria 9, Amia E. 7, Alexander 4, James V. 2, Gurcia 3/12 (b. Feb) (m); OWENS, James 21
176. HARRIS, George W. 43, Elvissa 38, William R. 18, Mary L 7
177. HUNT, Mathew 67 (widower) (T NC SC), Marcellus 28 (works in saw mill) (T T KY), Litellas 26 (works in saw mill) (T T KY)
178. VICK, William R. 27, Allice 21 (T T KY)
179. HUDGENS, Mary J. 45 (widow), William R. 21, John L. 18; HARRIS, Elvina (B) 15 (servant), HUDGENS, Elijah 63 (bro in law)
180. HARRIS, Thos. J. 44, Mary J. 30, James B. 14, Harry W. 12, Rosamay 10, Sarah J. 7, Tennessee M. 5, Thomas 2
181. TEASLEY, John M. 33, Lucy Tennessee 27 (T NC T), James F. 7, Sarah R. 2, William L. 1/12 (b. Apr); PUCKETT, Paul? Thompson? 45 (boarder)
182. HIGGINS, James 62 (miller, saw) (T Eng SC), Sarah C. 44 (wife) (T KY AL), John R. 17 (works in saw mill) (TX T MS), Eliza U. 13 (TX T MS), Rebecca A. 11 (T T MS), Clara J. 9 (T T MS), Emily T. 6 (T T T)

Page 26, Dist. 3

183. HUDGENS, Wash (B) 52, Ellen 45 (Mu), Martha (B) 14, John 5, Nettie 3, Walter 3/12 (b. Mar)
184. HUDGENS, William (B) 57, Lucinda 47 (wife) (Mu), Eliza (B) 18, Martha 17, Harriett 15, William 11, Lucinda 9
185. PERRY, Thomas 25, Lucy A. 22, Emma C. 3, Walter 1
186. HUDGENS, Booker 61, Emily 54 (wife) (T NC NC) LEIGH, Anna 24 (niece) (companion); BRADLEY, Mary 18 (niece) (companion); McGOWEN, Frank (B) 17 (laborer)
187. DAVIS, William W. 66, Elizabeth J. 49 (wife)
188. STORRY, William 64 (NY NY NY), Martha A. 48 (wife), Theodore 20, Nancy A. 18, Sarah J. 16, Henry R. 13, Hugh L. 7
189. STORRY, William W.? (T NY T), Lucy A. 31, William E. 8, Martha E. 6, Sarah V. 4
190. BINKLEY, Cath 72 (widow) (farmer), Sarah 53 (dau) (spinster); TEASLEY, Wm. E. 28 (son in law), Nancy 37 (dau); HUDGENS, William 16 (g son); TEASLEY, Mary 9 (g dau), Rosa 6 (g dau), Jesse 4 (g son), Dempsey 1 (g son); ALLBRITTON, Frank 20 (g son in law), Ellen 15 (g dau)

Page 27, Dist. 3

191. BOYD, Martha G. 57 (widow) (farmer) (VA VA VA), Georgia A. 24 (dau) (T VA VA), David A. 22 (T VA VA)
192. NICHOLSON, Rufus 24, Mary Emma 23, George F. 5/12 (b. Dec)
193. EDWARDS, Richard (B) 43 (T T VA), Adeline 40, Lewis F. 19, Emely E. 16, Tennessee 15, Georgia A. 13, Mary F. 11, Jenny T. 9, Richard J. 7, Sarah 5, Margaret 2
194. BINKLEY, John W. 55, Elizabeth 45 (wife) (T VA VA), Martha A. 24, Washington 21, Emmit A. 18, Nancy 16, Ornium? 11, James 8, Francis 7, Geroge 5, Charles 2
195. DAVIS, James F. 41, Emeline 52 (wife), William W. 20, Angeline 15, John W. 13, Joseph B. 12, Fountane? E. 10 (son), Henry M. 9, Mary Jane 7
196. BINKLEY, James R. H. 51 (chronic neuralgia) (crippled) (widower), James M. 22, Levi W. 19
197. COTHRAN, Hiram 52, Pressella J. 45, Nancy M. 25, Martha L. 21, James L. 19, William H. 17, Robert L. 14, Georgean 12, Josephine 10, Charles R. 7

CHEATHAM COUNTY

Hh#   Page 28, Dist. 3

198. FLYNN, Jeffry 56 (Ire Ire Ire), Martha 50 (T T SC?), Jeffry 8; HARPER, Willie 12 (nephew) (T PA T); CLEMONS, Mary 19 (adopt dau) (GA GA GA)
199. SULIVEN, Biddy 54 (divorced) (farmer) (Ire Ire Ire), Stephen 20 (son) (T Ire Ire), Mary Ann 27 (semstress) (T Ire Ire)
200. HARRIS, Win 52, Elizabeth 42 (wife), James E. 20, Burgess L. 17, John H. 15, Samantha A. 12, Martha E. 9, Wm. F. 4, Bettie A. 5/12 (b. Jan)
201. HUTCHINSON, John 49 (Scot Scot Scot), Catherine E. 45 (NC NC NC), John N. 12 (son) (AL Scot NC), Andrew 9 (AL), Joan 6 (T)
202. LENNOX?, Josh (B) 63 (T NC NC), Emely 63, George 13, William 10; ELLETT, Lasley 61 (married), Pleasant 67 (wife) (T NC NC)
203. SIMMONS, Henry T. 55 (T NC T), Lavinia A. 57 (T NC T), Virginia A. 20, Catherine 16

Page 29, Dist. 3

204. WATSON, A. (B) 71 (T NC NC), Harriet 62 (wife) (T VA VA); McCREA, Rena 7 (foster child--f)
205. HIDE, William (B) 36, Fannie 40 (wife), William H. 10, James J. 8, Susan F. 6, Rufus H. 2
206. NICHOL, David 65 (justic P & farmer) (MA MA MA), Sarah Jane 62 (T T VA), Martha E. 22 (seamstress), James A. 18, Joseph H. 16
207. NICHOL, John G. 34 (mill wright), Sarah J. 30, Clara M. 5, Hugh C. 1
208. HARRIS, Henry sr.? 68 (T NC NC), Luckey 66 (wife) (VA VA VA), Emely 40 (dau) (spinster), George W. 23, Joel 68 (cousin) (widower) (boarder) (NC NC NC)
209. HARRIS, Marcus 28 (T T NC), Eugenia 27, Charles B. 8, James W. 8/12 (b. Sep)
210. BRYANT, Somior? (B) 26, Fanny 22 (wife), Mary 60 (mother) (widow) (T NC NC); BAGWELL, William 9 (nephew), Jacob 8 (nephew)
211. FELTS, James T. 45 (widower) (T NC T), Laura 20 (dau), William 17, Lawrence 14
212. HARRIS, Elias 56, Martha 59 (wife) (T NC NC), George W. 25, Virginia 7 (g dau)
213. HARRIS, Polly 51 (widow) (farmer), Martha A. 23, Leander E. 17
214. HARRIS, James C. 27, Mary E. 23, Roena E. 3, Martha L. 1
215. PATTON, John 32, Georgina A. 19, Willie 9/12 (b. Aug) (dau)

Page 30, Dist. 3

216. BOYD, Lottie 50 (widow), Cornelia Ann 26, Alexander E. 1 (g son)
217. BINKLEY, William H. 23, Mary 19, Birdie L. 8/12 (b. Oct); NEWLAND, Wash 17 (bro in law)
218. BINKLEY, Henry F. 24, Mary E. 22, Andrew J. 3

Page 31, Dist. 3

219. TEASLEY, George W. 39, Rebecca J. 23
220. WALKER, Stephen (B) 37, Angeline 29 (g dau), Joseph 6 (G g son), Elizabeth Mary 4 (g g dau)
221. WALKER, Scott (B) 35, Hannah 30, Joshua Jonah 7, Charles 2
222. FELTS, Malinda 39 (widow) (farmer) (T NC NC), John H. 19, Pamela L. 12, Mary L. 6
223. FELTS, Margaret E. 40 (widow) (gardener), James H. 8; SIMMONS, Mariella 34 (sister) (single) (house servant)
224. FELTS, Nancey 75 (widow) (farmer--small); NEWLAN, Lydia A. 46 (dau) (widow)

Hh#   Page 31 (cont'd)

225. EDWARDS, Westley (B) 31 (KY KY KY), Lucy Ann (Mu) 26 (wife) (VA VA VA), Mary J. 13 (s dau) (T T VA), George W. 10 (s son) (T T VA), William H. (B) 8 (step son) (T T VA), Emetine A. 1 (dau) (T KY VA), William 16 (son) (T KY T)
226. HYDE, Richard (B) 17, Louisa 27 (wife); HARRIS, Betsy 40 (mother in law) (laundress)(widow), Edmund 18 (bro in law), Melvina 14 (sis in law), Robert 10 (bro in law), Sarah 8 (sis in law), George 4 (bro in law), Maggie 2 (sis in law)
227. HARRIS, W. Wash 24, Rosaan E. 22, Elijah W. 2, Pauley Lee 11/12 (b. Jul) (son); DARROW, Geo. R. 19 (bro in law) (viseter) (AR T T)
228. HUDGENS, Danl. 72 (VA VA VA), Na.? Delaney 56 (wife) (T NC NC), Winfield 28, Alexander 25, Milton A. 21, Jesse 17; DURHAM, Jennie 42 (sis in law) (single) (T NC NC)
229. TEASLEY, John D. 62, Minerva E. 55, Martha 36

Page 32, Dist. 3

230. TEASLEY, William O. 32, Julia Ann 29, Elizabeth R. 10, Mary W. 9, Mattie V. 7, John H. 3, George H. 1
231. TEASLEY, John H. 27, Pamelia A. 24, Millard F. 6, George W. 3, Henry J. 1
232. HARRIS, William R. 32, Dibra 39 (wife), Martha V. 7, Charles W. 5, Mary J.? 3, Delilah E. 1, Roberta B. 1/12 (b. May)
233. HUDGENS, Delilah 64 (single) (farmer) (T VA VA), James 70 (cousin) (VA VA VA); BELL, Sam (B) 68 (servant); HUDGENS, Mary 67 (sister) (widow) (T VA VA)

Page 33, Dist. 3

235. BINKLEY, Geo. W. sr. 43, Martha A. 38 (T VA T), Mary Calesta 20, Joseph W. 17, Aca 14 (son), Martha 11, Henry J. 8, Peter 6, Ephram 1
236. HUDGENS, Aaron 40, Margarett 34, Lucinda 9, Mary 8, Bettie 6, Nettie 6, Katie 1, Nancy Ann 18, Josaphine 15
237. BEARDEN, Michael (B) 27, Eveline 24, Samuel 2, Lillie 2/12 (b. Apr); HIDE, Gilbert 8 (cousin); COTHRAN, Elizabeth 73 (W) (widow) (VA VA VA)
238. SHIVERS, Tempa 60 (single); HART, Susanna 20 (niece) (companion)
239. HIDE, Jesse 30 (B), Rachael 27, Edward 7, John 1

Page 34, Dist. 3

240. WILLIAMS, Christopher F. 57 (physician & farmer) (rheumatism) (crippled) (T VA NC), Harriet D. 31 (wife), Augustus L. 4, Naylor V. 2, Mary E. 6/12 (b. Nov); CREESE, Kittie (B) 33 (servant)
241. McCORMAC, Joseph 68 (cancer), Susan 70; PHILIPS, Lucinda 41 (servant); SWARE, Samuel 12 (laborer), Robert 10 (laborer); BEGARLY, John 39 (laborer) (widowed); McCORMAC, Joseph T. 19 (nephew)
242. NEAL, Thomas A. 31 (KY T KY), Victoria 31 (flux) (crippled) (T VA T), David 14 (IL KY T), Granvill M. 9 (T KY T), Minnie 6, Irving 4, Mary 2/12 (b. Apr)
243. WALKER, James W. W. 55 (farmer & tobacconist), Susan 40, Martha 18, Jennie 11, Nancy 8; HIDE, Joseph (B) 12 (laborer), WALKER, Alexander (W) 16 (step dau)
244. MALLING, Richard (B) 75 (VA Africa VA), Jennie 65 (wife) (VA VA VA), Ida 2 (g dau) (T VA VA)
245. MAXEY, James 24, Josaphine 18, Ada B. 1; HUNT, Oscar (B) 18 (laborer)
246. WALKER, James R. 27, Arraminta E. 23, James W. 6, Sarah E. 3, Martha L. 1

CHEATHAM COUNTY

Hh# Page 34 (cont'd)

247. WALKER, Albert (B) 25, Malissa 20, Artemus 1 (son); SHAPHERD, Wm. 47 (W) (T VA VA), Mary 46 (KY NC VA), Samuel 23 (KY T KY), Sarah 21 (seamstress) (T T KY), Martha 19 (T T KY), Mary 10 (T T KY), John 50 (brother) (VA VA VA)

Page 35, Dist. 3

248. GATEWOOD, Eliza (B) 40; HUNT, Violet 22 (dau); GATEWOOD, Edward 13 (g son); HUNT, James 7 (g son), Mary E. 7/12 (g dau) (Mu)
249. HERRON, E. Thompson 56 (T NC NC), Martha 54 (T T NC), Cornelius N. 15, Richard F. 12; LANIER, Rutha 54 (sis) (widow)
250. OWEN, Thomas R. 39, Cyntha Anna 34, Robert E. L. 10, Anne L. 9, Jesse A. 8, Arlena A. 7, William T. 5, Edith L. 1
251. HARPER, Christopher 35 (T NC T), Louisa 38, Samuel 14, William H. 12, Susan E. 10, Joseph J. 8, Sarah L. 5, Mary F. 4, Martha 3/12 (b. Mar)
252. JONES, Jesse (B) 65 (VA VA VA), Polina 55, Tilla 11 (step dau)
253. JOHNSON, James W. 42 (T VA VA), Mary 22, John H. 18, Sarah Ann 15, Martha 12, James P. 5, Mary A. E. 3, Alley C. 1 (dau)
254. MAXEY, Thomas W. 36, Octavia Z. M. 32, Mary P. D. 9, Edward E. 8, William J. 5, James A. 2, Birtha 10/12 (b. Jul)

Page 36, Dist. 14

255. WASHINGTON, Sam (B) 47, Martha 47, Alonzo 18, Nevra? 16 (step dau in law); WILLIAMS, Mark 21 (step son in law), Hannah 13 (step dau in law); BRADLEY, William 11 (laborer); BIRTHRIGHT, John W. 5
256. WILSON, Robert (B) 23, Jane 26, Mary 7, Anna 2
257. BOYD, William (B) 36, Martha 24, Dica 8, Nelson 5, Watley Thos. 1
258. HAMMONS, John H. 43 (MD PA T), Janeva 44, Ida 12, Ada 10, James H. 8, Ann E. 6, Susan M. 4, John T. 2
259. HARRIS, Esop (B) 63 (T T VA), Agga 40 (wife), Charles 18, Georgia Ann 10, Andrew J. 8, Abner F. 6, Peter 7/12 (b. Nov)
260. SIMMONS, John 63, Sarah E. 54, John 19 (works in tobacco? factory), George 16; MERRILL, Charles 27 (boarder) (watchmaker & jeweler) (WI VT WI)
261. KIRKPATRICK, Mildred 77 (widow) (farmer) (VA VA NC); NYE, D. W. 65 (son in law) (widower) (enumerator ___) (T MA MA), Shadrach 28 (gr son) (law student), John H. 22 (g son) (farm manager); BINKLEY, Warren (B) 20 (laborer); DOWLEN, Peter 35 (laborer); WATSON, Willis 17 (servant)
262. FELTS, Hulda 68 (widow) (farmer) (T Ire Ire); FORD, Jefferson 22 (laborer); GIRARD, Joseph 37, Roena 24 (wife of Joseph), William W. 6 (son), James W. 3 (son), Lila Anna 9/12 (b. Sep)

Page 37, Dist. 14

263. DOWLEN, Henry 46 (T VA T), Elizabeth 38, Buna 13, Mary 12, Doogan 10, Rodgers 7, Wallace 2, Joseph 15 (nephew), Martha 13 (niece)
264. DOWLEN, M. Va. B. 49 (T NC T), Elizabeth R. 46 (T NC VA), Samuel R. 22, Altmire B. 20, Henry M. 18, Bedford? F. 14, Veleria 10, Charlotte 7
265. SCOTT, Winfield W. 32 (physician) (T KY T), June? 23, Edith 6/12 (b. Dec)
266. MURPHY, John R. 38 (retail liquor dealer), Josephine L. 25 (wife)
267. WILLIAMS, Stephen F. 72 (retired blacksmith) (T NC VA), Lucy C. 71 (wife) (VA VA VA); McFALL, Kate 13 (g dau) (IN IN T)

Hh# Page 37 (cont'd)

268. WOODSON, Peter 63 (T VA VA), Wilmuth S. 52 (wife) (T VA VA), Mose? P. 25, Archie 18; WILLIAMS, Lucy 16 (housekeeper); FELTS, George 22 (laborer)
269. TYSON, John 42 (miller & farmer) (Eng Eng Eng), Bettie 25, William 14, John Perry 6; GIPTON, William W. 5 (step son); FELTS, William 24 (apprenticed? laborer) (works in mill); WILLIAMS, Richard 30 (boarder) (merchant); BOYT, Georgia Ann 19 (cook)
270. DOWLEN, Sylvester 37 (shoe maker), Ellen J. 26, Irene 6, Allen 4, James C. 2, George W. 9/12 (b. Aug)
271. JUDD, Thomas C. 43 (school teacher), Mary K. 30, Daisy S. 9, Lydia J. 4

Page 38, Dist. 14

272. LOWE, Thomas 39 (carpenter) (Eng Eng Eng), Catherine 43 (Eng Eng Eng), Elizabeth A. 18 (Eng), Mary A. 17 (Eng), John 15 (Eng), Harriett 13 (Eng), Robert 11 (Eng), George 9 (Eng), Lucy 5 (T), Katie 3 (T)
273. MAXEY, Wilson 28 (keeping store), Mary E. 25, William W. 4
274. ENGLAND, Susan 47 (widow) (keeping boarding house) (T VA VA), Fanny 26 (dau) (T T VA); FELTS, James 24 (boarder) (keeping drug store); ENGLAND, Archie L. 16 (son) (laborer) (found on schedule after #275--ed.)
275. HUNT, James A. 30 (post master), Josaphine 32 (IN T VA), Carrie 8/12 (b. Sep)
276. DAWSON?, George T. 32 (cooper), Lucy 30, Jesse 10, Willie 4, Lucrece J. 3, Mary 10, Willis 21 (brother) (works in cooper shop)
277. NAVE, Josephus 47 (blacksmith) (T VA T), Eliza Ann R. 41 (T NC NC), Sarah Ann E. 22 (TX), John J. 20 (works in BS shop) (TX), Mattie May 14 (TX), Robert H. 10 (TX), Rosalee? 9 (TX), Mary M. 5 (T), Joseph T. 3 (T)
278. NEWTON, Edward M. 34 (mill wright), Allice 27, Maggie J. 8, Edward E. 5, Peter Woodson? 3, Benjamin M. 1; WILLIAMS, Fanny E. 19 (servant)
279. FARLEY, Benjamin R. T. 52 (widowed) (sadaler) (T PA VA)
280. HUNTER, Thomas D. 44 (widower) (merchant) (T NC NC)
281. KEMP, James H. 29 (works in saw mill) (GA GA GA), Judy? E. 23 (AR SC SC), Ella 4 (AR GA AR), Lula 3 (T GA AR)
282. SIMMONS, James 27 (blacksmith), Nannie G. 20, Cora M. 9/12; HUNT, Margarett (B) 17 (servant, nurse)

Page 39, Dist. 14

283. HUNT, William J. 44 (shoe & boot maker) (T NC VA), Tappan 44, Minnie 16, Inez 14, Olive 4
284. WALKER, Thomas M. 51 (merchant), Nancy 33, Nancy J. 20, Edwin Endora 17 (dau), Thomas 14, Martin F. 10, Thirsey 5, Jarome 2, male infant 3/12 (b. Apr), Bedford 21 (nephew) (keeping store); HARRIS, James 23 (cousin) (teamster); SPATES, James (B) 22 (laborer) (works in tobacco shop)
285. FREY, Martin P. 57 (undertaker) (T NC NC), Nancy 55 (T NC NC), Hubert 18, Edwin 15
286. CLINARD, Thomas 40 (carpenter), Emma 24 (wife), John 9, Wash 7, Tillman 4
287. HYDE, Iving B. 32, Beatrice 23
288. BRACY, William T. 38, Mahala 34, Mary 17, William 14, Emma 12, Bettie 10, Anna Bell 8, Tennessee 6, Jessee 4, James 2, _____ 1/12 (b. Apr) (son); LANGFORD, Mary 78 (mother) (widow) (NC NC NC); EVANS, Miles 20 (laborer) (T NC NC)

10

CHEATHAM COUNTY

Hh#   Page 39 (cont'd)

289. JENKINS, Luke 30 (T NC T), Victoria 25 (KY KY T), Hattie 4, William M. 2, James H. 1

Page 40, Dist. 14

290. HUDGENS, Christopher 55 (T VA NC), Mary E. 44 (wife) (T VA T), Mary Emma 23, Lizzie J. 17, Rosanna A. 15, William S. 12, Cora 9, Charles 6; FORTUNE, Rhoda 75 (mother in law) (owner of farm) (widow) (T NC T)
291. HUNT, George W. 53 (rheumatism) (T NC VA), Mary J. 47 (T NC T), Mary V. 25, John W. 19, Martha S. 16; WILLIAMS, Nancy V. 13 (niece) (maid of all work), James M. 25 (nephew); ENGLAND, Alexander G. 24 (laborer) (T __ T)
291. HUNT, William J. C. 23, Nancy E. 24, Cora Lee 3, Moses F. 8/12 (b. Sep)
292. BRADLEY, John Joseph 51 (Justice of Peace) (T NC NC), Martha E. 44 (T KY T), Olivia 23, Benjamin 20, Mary Ida 18, Tobitha S. 16, Joseph W. 14, John F. 11, Robert E. L. 9; MARTIN, Thos. 23 (laborer); BRADLEY, Samuel H. 48 (brother)
293. WOODSON, Thomas A. 31 (merchant), Mary E. 28, Bessie Pearl 9/12 (b. Oct); SAUNDERS, Andrew J. 45 (boarder) (retail liquor dealer)
294. HYDE, Susan M. 56 (widow) (farmer) (T NC NC), Sally 17 (dau), Etta 15; JUSTICE, John 28 (son); EVANS, Peter 16 (laborer); WILSON, George (B) 23 (laborer)
295. HOOD, Robert M. 36 (carpenter) (MD __), Lemore? 25 (KY KY KY), Edward 8 (KY MD KY), Wm. Joseph 6 (KY), Virgil F. 4 (KY) Lester M. 2/12 (b. Apr) (TN)

Page 41, Dist. 14

296. EVANS, John J. 34 (laborer) (NC NC NC), Josaphine 25 (wife) (NC __ __), William C. 10, Polly L. 8, Joseph John 6, Lucy Ann L. 2
297. SMITH, Alexander 35 (carpenter), Susan 35, Allice E. 13, Minnie T. 9, Jesse 7, William 5, John 3, Andrew 6/12 (b. Dec)
298. SMITH, Franklin 27, Narcessa E. 23, James R. 7, Mary E. 4, Daisey F. 1
299. GARDNER, Elias 52 (works in brick yard) (widower) (T KY T) (insane?), Martha Ann E. 24 (dau), Sarah F. 22
300. MOORE, Syntha 73 (widow) (farmer) (NC NC NC), Elizabeth A. 47 (dau) (single)(NC NC NC); GADDIS, Charles N. 11 (g son) (T __ NC)
301. PLUMMER, Koputh? R. 30 (merchant), Kate 21 (wife) (KY KY KY), Morris 5 (KY), Alline 2 (T), Bruice 1/12 (b. Apr) (T); HEREGIS, C. E. 27 (boarder) (circuit rider) (T __)
302. FELTS, Werthy (m) 36, Martha 34, Joseph 14, James D. 12, Atlanta G. (f) 8, Walter F. 5, unnamed (m) 1
303. EDWARDS, George W. 54 (T NC VA), Elizabeth 49 (T SC VA), William B. 16, Mary E. 14, George W. 10, Arthur W. 5, William E. 32 (son in law), Victoria 25 (dau), Edna 1 (g dau)

Page 42, Dist. 14

304. HUDGENS, Emily 52 (widow) (LA Mexico Fr), Thomas M. 28 (LA T LA), Lucilla H. 23 (LA), Frank C. 21 (T), Lillie G. 18 (T), Waid H. 14 (KY), Sterling P. 12 (KY)
305. DOWLEN, William R. 23, Nannie N. E. 22; SIMMONS, William D. 25 (br in law)
306. WILLIAMS, Lewis 52, Sarah F. 32 (wife), George W. 12, William F. 8, James A. 7, Mary E. 6, Nannie O. 3
307. WHITE, Willis (B) 60 (NC NC NC), Harriett 50 (NC NC NC), William 18; JUSTICE, Mary 22 (step dau)
308. AGENT, Joseph H. 24, Eliza A. 35, James H. 1, Iva Corinna 2/12 (b. Apr)

Hh#   Page 42 (cont'd)

309. GREENE, Johnathan 31 (T T NC), Eliza Ann 26, Lucinda A. 8, Franklin Lee 7, William H. 4, James 3, Martha E. 11/12 (b. Jun)
310. JUSTICE, Lewis N. 30 (NC NC NC), Mary 15 (wife) (T __ T)
311. HUNT, John R. 30, Mary C. 27, Lucy E. 5, Sterling G. 3, John 1
312. BRADLEY, Burley P. 42, Martha W. 38, Mary F. 13, Harriett E. 11, Edwin B. 9, Earnest W. 7, Lillian A. 1; GALLAGIN, John 22 (laborer) (T Ire __)

Page 43, Dist. 14

313. GALLAGIN, Patrick 53 (Ire Ire Ire), Lydia 32 (wife) (T VA), Annie 13, Mary 10, Fayett 5, Maggie 8/12 (b. Sep)
314. HARRI_, George W. 36, Milly L. 25
315. WINTERS, Henry F. 32, Cecula F. 22, Samuel S. 5, Mach M. 4, David A. 1
316. HARRIS, Joseph S. 64 (T NC NC), Lydia F. 24, William H. 17; SMITH, Sally 41 (dau), Joseph J. 4 (g son); HARRIS, Jane 28 (dau), Olla B. (g dau), William B. 3 (g son), Herbert S. 1 (g son)
317. HARRIS, Joseph H. 31, Georgia Ann 27, David L. 8, Mary Ann 6, Fanny E. 3, unnamed (m) 1/12 (b. May)

Page 44, Dist. 14

318. DOWLEN, Harris jr. 61 (T NC NC), Sarah Ann 49, Ann 19, Robert L. 17, Whitmil 15, Patrona 12, Alice 9, William (B) 15 (laborer)
319. ROSE?, James Amos 23, Martha F. 19
320. HINKLEY, George W. sr. 34 (dentist & farmer), Rhoda F. 32, William H. 12, Huldy F. 10, Lindsey H. 8, Tona (m) 7, Charles F. 5, Arrigar 3, Viola 1
321. FELTS, James H. 22, Ann 20 (child bed)
322. WOODSON, Elijah (B) 56, Caroline 33, Idah 13, Henry 12, Ellen 10, George 8, John 7, Sam 3
323. BINKLEY, John A. J. 49, Kassy Angeline 42, Luvenia J. 14, Samantha A. 13, Henry J. 9, Luckey H. (f) 6, George M. 4
324. ROSE, Benjamin I. 32 (T VA __), Harriett J. 32, Mary Ann H. 9, Alex J. 7, John F. 2, Harriett J. 8/12 (b. Oct)
326. HARRIS, Zechariah F. 32, Susan V. 27, Mary F. 3, Henry F. 1/12 (b. Apr); SAUNDERS?, Mildred J. 57 (mother in law) (Nurse)

Page 45, Dist. 14

327. FREY, Wiley F. 55 (widower) (T PA NC), Josie May 5 (dau)
328. DOWLEN, Whitmel 67 (T NC NC), Lucy 67 (invalid--dislocated hip) (T NC NC), Rosa 32, Alexander 26 (shoe maker)
329. DOWLEN, Charles 42 (T __ __), Louella 25 (wife) (T __ __), Worneltar (f) 8, Walter 6, James H. 3, Hollie 10/12 (b. Jul)
330. FREY, Samuel (B) 23, Lucy 18, Jo Henry 5/12; MARTIN, Celia 10 (servant)
331. MILLIKIN, John B. 29, Annie E. 21, John T. B. 3, Garland D. 1
332. FOSTER, John Solomon (B) 40, Saphronia A. 20 (wife); MARTIN, Florence 6 (servant)
333. FELTS, Randle R. 73 (T NC T), Jane 62 (NC NC NC), James F. 32; ENGLAND, Willis 27 (T __ VA)
334. MAYO, James H. 33 (T VA VA), Ann E. 30 (T T NC), Jesse Lee 5, James F. 3, Leoda B. 2
335. FELTS, Pressella B. 60, Aries J. 31 (son)
336. WILLIAMS, Alexander H. 61 (T VA NC), Nancy 55, John Thomas 30 (carpenter), William B. 28, George W. 26 (carpenter), Ophelia L. 25 (maid of all work), Millard F. 23, Elizabeth F. 21 (maid of all work), Mary V. 19, Robert L. 17, Anna M. 15, Joseph J. 14

11

CHEATHAM COUNTY

Hh # Page 46, Dist. 14

337. WASHINGTON, Edmund (B) 50 (KY __ __), Malissa 48 (T __ __), Polly 18, Peter 16, Nancy 13, Bettie 8; NORTHINGTON, Joseph 10 (g son), David 12 (g nephew) (T KY T); TERRY, Margarett 30 (dau __) (widow), Sarah 7 (step g dau), Mary 5 (step g dau), Randolph 3 (step g son), Edmund G. 1 (step g son); CHEATHAM, Sarah 70 (mother)
338. PATTERSON, Wm. (B) 45 (VA VA VA), Martha 40 (T T VA), Margarett 15, Paul 10, Silas 10; DARDEN, Frank 16 (foster son)
339. WASHINGTON, Thomas (B) 28, Virginia 18 (wife), William F. 8/12 (b. Oct)
340. KIRBY, Peggy (B) 46 (widow) (KY KY T); FORT, Geo. M. 28 (son) (T T KY); KIRBY, Nancy 20 (T T KY), Willis 13, Billy 11, Violett E. 8, Charlotte 4, Leroy (g son) 4, James 2 (g son), Jack Anna (f) (b. Feb) (g son--sic)
341. PATTERSON, Maron (B) 29, Rachael 18 (wife), Scott 1; WASHINGTON, Eliza 9 (sis in law); PATTERSON, Mark 23 (bro); POLK, John (Mu) 15 (laborer)
342. HEAD, George (B) 31 (widower), Eliza 50 (mother), Mary 6 (niece); MURPHY, Elizabeth 14 (niece); HEAD, Lucy 12 (step dau)
343. BURUSS, Henry (B) 23, Mary 24, Irene 5, Jesse 3, Willie 2, infant 1/12 (b. May); WASHINGTON, Martha 11 (nurse)

Page 47, Dist. 14

344. DOWLEN, Benjamin (B) 55 (T NC T), Margarett Ann 33 (wife) (T NC T), Charleston 18, Fredrick 17, Atlanta (f) 13, Monroe 10, John Westley 7; WILLIAMS, Antony 11 (stepson); DOWLEN, Henrietta G. 8/12 (b. Sep)
345. WILSON, Carroll (B) 45 (T NC T), Sopha Ann 40 (T __ T), Genl. Scott 15, James 7, Louerman (f) 6, Josaphine 3; WILLIAMS, Fredrick 79 (relationship omitted) (rheumatism--crippled) (T NC T)
346. BINKEY, George W. (Rev) (B) 56 (E farmer), Lucinda 40, Sylus 16 (bruised ankle--crippled), Thankful W. 12, Janna 9, Lela Lake 4, Lillie Sabina 2, Emma 19 (dau) (this last name out of order on the schedule but seems to belong in this family--ed.)
347. PERRY, Lafayette 27 (teamster), Lucy Bell 21, William W. 8/12 (b. Sep); MITCHELL, Susan Jane 52 (mother in law)
348. BRADLEY, John Joseph 70 (widower) (NC NC NC); DOAK, Mary 24 (foster dau) (T Ire T)
349. HEAD, Westley (B) 28, Bettie 18
350. BELL, James (B) 35, M. (f) 35, F. J. (m) 12, S. J. (f) 11, Tennessee 10, John 7, Henry 5, Eldridge 3, William 1; HINSON, Chory 62 (mother in law) (widow) (NC NC NC); HARRIS, Elmora? 17 (sis in law) (T NC NC); EVANS, Miles 70 (relationship omitted) (crippled) (NC NC NC), ___ 50 (wife) (T NC T), Mary 20 (dau) (T NC T), Rich 14 (son) (T)

Page 1, Dist. 4

1. HINSON, S. (B) 68 (VA VA VA)
2. SHAW, Lucy (B) 36 (widow) (washing) (T VA T), Tom 15, Mary 8, Harriett 6, Charlie 3, Ida 8/12 (b. Aug) (T KY T)
3. SHAW, G. W. 58, Desie 57 (T NC T), Sarah 37; FREEMAN, R. S. 27 (son in law), N. E. 26, C. C. F. 10/12 (b. Jul) (g dau); SHAW, Rebecca 32 (dau in law) (widow) (T SC T), George 7 (g son), Emma 12 (B) (servant)
4. JINNETT, W. S. 24, M. S. 21 (wife), M. A. 7/12 (dau)
5. GRAY, L. C. 25 (T KY T), S. 22 (wife), S. E. R. 10/12 (b. Jul)
6. RAGSDALE, W. W. 26 (KY VA KY), D. 26 (wife) (T VA T), S. W. 3 (son) (KY), I. J. 9/12 (b. Sep) (dau) (KY)

Page 1 (cont'd)

7. ALLEN, J. R. (m) 26
8. MORRIS, E. P. 80 (flux) (KY PA WV), S. W. 78 (wife) (billiousness) (NC NC NC), M. M. 37 (dau) (flux) (T PA WV); MALORY, Tom (B) 10 (servant)
9. MORRIS, W. T. 47 (T KY NC), M. E. 45 (wife), W. W. 19 (son), T. J. J. 17 (son), S. A. 7 (dau), N. J. 6 (dau), M.? E. 5 (dau)
10. KNOX, Wm. 22, A. __. 21 (wife) (T T NC), W. J. 2 (son), R. E. 5/12 (b. Jan) (dau); HUNT, Jane (B) 17 (servant) (NC NC NC)
11. AYRES, E. 67 (widower) (T T SC), M. D. 28 (dau) (KY T)
12. STACK, E. 65 (widow) (NC NC NC), Ann 40 (dau) (T SC NC), B. 30 (dau) (T SC NC)

Page 2, Dist. 4

13. RAWSON, J. D. 30, M. J. 29 (wife), C. 3 (dau), H. A. 1 (dau)
14. WILLIAMS, H. T. 32 (T NC T), V. A. 27 (wife), J. T. 9 (son), M. L. 6 (dau), T. H. 4 (son), W. W. 2 (son)
15. DOUGLASS, A. 71 (VA VA VA), M. 51 (wife), A. S. F. 17 (son) (T VA T)

Page 3, Dist. 4

16. WATTS, John 23 (cooper), Mary 18, C. 2 (son), M. 7/12 (son), E. 7/12 (son)
17. TURNER, J. E. 56 (T NC T), E. A. 45 (wife) (T VA T); DARDEN, G. 25 (nephew); TURNER, M. (B) 18 (servant)
18. WILSON, B. F. 41, M. J. 43 (wife), C. E. 13 (son), L. B. 10 (dau), F. M. 7 (dau), W. F. 1 (son); HYDE, A. (B) 24 (f. servant), W. 4 (m--relationship omitted)
19. WILSON, J. J. 63 (T NC T), L. 47 (wife), G. T. 20 (son), Emly 18 (dau in law)
20. RAWSON, James 57 (T VA VA), L. 53 (wife) (T NC NC), J. 14 (son), E. 12 (dau)
21. STACK, John 36, C. 30 (wife), G. 9 (son), M. B. 4 (dau)
22. KNOX, R. H. 61 (T T NC), S. 55 (wife) (T NC NC), B. A. 17 (son), M. B. 15 (dau), L. W. 12 (dau)
23. KNOX, R. M. 28, S. E. 22 (wife), M. E. (dau), J. L. 1 (dau)
24. BIGGERS, T. 20, M. E. 21 (wife), L. J. 6/12 (b. Dec) (dau)
25. HARRIS, S. 62 (widow) (no occupation) (T __ __); BRIGHT, R. 40 (dau) (divorced)
26. HARRIS, R. S. 66 (widow) (T NC NC); BASFORD, Tom 18 (g son); TOLLINSON, J. 15 (f. servant) (T __ KY); HYDE, Mary Ann (B) 7 (servant)

Page 4, Dist. 4

27. HARRIS, T. R. 29 (T MS T), M. J. 21 (wife), H. L. 2 (dau), T. F. 1 (son)
28. GOSSETT, W. J. 62 (T NC NC), S. E. 48 (wife) (T T SC), J. E. 23 (son) (teacher), A. E. 19 (dau)
29. WILLIAMS, Ned (B) 70 (T NC NC), C. 45 (wife) (pregnancy), B. 18 (son), N. 15 (son), C. 10 (son), Ed 9 (son); ROBINSON, N. 80 (mother in law) (T __ __)
30. CHAMBERS, Bob (B) 25 (T __ T), R. 23 (wife), H. 6/12 (b. Dec) (son)
31. WALKER, J. W. 57 (flux) (crippled) (T SC NC), N. 54 (wife), J. M. 17 (son) (flux) (idiotic)
32. MANWARRING, W. L. 43 (CT CT CT), T. 36 (wife) (VA VA VA); GRAY, H. H. 14 (dau), J. D. 13 (son), L. P. 10 (dau) (flux), M. 8 (dau) (flux), J. T. 6 (son) (typhoid fever), G. 4 (son) (typhoid fever)

Page 5, Dist. 4

33. ALLEY, Jos. 69 (widower) (VA VA NC), E. A. 42 (dau) (T VA T), R. A. 31 (dau), M. T. 27 (dau), IRVIN, Jos. 14 (servant)

CHEATHAM COUNTY

Hh#   Page 5 (cont'd)

34. J. R. 37, M. J. 38 (wife), W. T. 10 (son), M. B. 7 (dau), John 2; WREN, William 19 (servant); BIGGER, Mason (B) 50 (servant) (widower), Ann 15 (servant), Gus 11
35. BASFORD, G. W. 43 (IL T T), Mary 28, Nannie 1, W. J. 20 (son), E. L. 18 (dau), T. E. 15 (son); WHITWORTH, Wm. 20 (laborer); STACK, Tom (W) 17; WEAKLEY, E. (B) (f) 15 (servant) (T __ T)
36. NICHOLSON, J. B. 25, M. W. (wife) 30; SHARRON, J. H. 9 (step son), D. A. 5 (step dau)
37. FAMBROUGH, J. T. 39, M. S. 26 (wife), S. 10 (dau), John 5, W. T. 2 (son)
38. WALKER, Jno. T. 26 (T __ __), G. A. 20 (wife), J. M. 2 (son); BAILEY, James 12 (bro in law)
39. BASFORD, T. J. 25, F. 20 (wife), Tom 2, J. 8/12 (b. Sep) (dau); WEAKLEY, Martha 30 (aunt) (T VA NC)
40. HAMPTON, B. 56 (sawyer), A. 56 (wife), J. M. 22 (son) (works at saw mill) (flux), J. S. 19 (son) (works at saw mill), Robt. 16 (works at saw mill)

Page 6, Dist. 4

41. CAGE, J. E. 42 (MD) (widowed), M. L. 10 (dau), M. A. 8 (dau), A. D. 6 (son), B. B. 6 (dau), R. W. 62 (mother); GOSSETT, Dorra 32 (boarder), W. T. 50 (m) (boarder) (tombstone agent); JENKINS, J. J. 72 (laborer) (widowed); WALTON, D. 30 (B) (cook) (divorced), Ida 13, Lizzie 10 (nurce), George 5, Charles 3, Nix 1; ELLIOT, Johnn 30 (laborer)
42. EVILSIDE, John 45 (brick moulder) (__ __ __), M. 36 (wife), Ellen 14, A. 13 (son), S. 10 (son), Joe 7 (dau), Frank 6, T. 4 (son), J. 2 (son), Baby 1/12 (b. May) (dau)
43. WALKER, Tom? 24, N. A. 30 (wife), J. D. 5 (dau), J. O. 2 (son)
44. STACK, Jacob 79 (no occupation) (sick--no name) (SC SC SC), Martha 68 (sister) (T SC SC)
45. STACK, U. S. 54 (T SC SC), Sallie 50 (T NC NC), Mary 19, W. H. L. 17
46. POOL, Jack 28, Nancy 24, Walter 1
47. STACK, L. A. 27, N. E. 28 (wife), C. H. 4 (dau)
48. BASFORD, Mary 55 (single) (T NC SC), C. C. 14 (half bro) (T NC T), J. A. 12 (niece); DYE, Moses (B) 70 (servant) (widower) (NC NC NC), M. 12 (servant)

Page 7, Dist. 4

49. STACK, J. F. 61 (widower) (T SC SC), M. A. 31 (dau), S. M. 28 (dau), D. H. 22 (son), W. H. 18 (son), M. P. 16 (dau), H. C. 9 (dau), J. T. 12 (son), Ruth 8 (dau), N. C. 7 (dau)

Page 8, Dist. 4

50. FREY, W. W. 52 (T NC NC), M. A. 45 (wife), M. F. 21 (dau), W. N. 19 (son), L. M. 17 (son), G. 14 (dau), C. R. 12 (son), M. E. 9 (son)
51. WALKER, J. D. 54 (T __ T), M. A. 44 (wife), R. J. 21 (son), Jon 18 (son), E. 65 (mother) (widow)
52. STACK, W. 37, M. M. 37, George 14, Will 12, Jim 9, Jacob 7, M. 2 (dau)
53. WHITE, R. H. 27, L. R. 23 (wife), M. A. 2 (dau)
54. BASFORD, L. J. 40 (widow) (T NC NC); PASCHALL, J. R. 20 (son) (IL T T), J. E. 18 (dau) (IL T T); BASFORD, H. S. 1 (dau); SHARRON, Zach 18 (servant)
55. SHARRON, John 46 (widower) (T NC VA), Emily 21 (dau) (consumption), Johnnie 19, George 16, D. 14 (son); HUNTER, G. (B) 21 (servant)

Hh#   Page 8 (cont'd)

56. SHARRON, W. S. 25, Ellen 22, J. C. 2 (son)
57. STACK, G. W. 45 (T SC SC), A. L. 44 (wife) (T GA T), F. E. 21 (dau), B. W. 14 (dau), Ton? H. 12 (son), Alice 8, Edie 6 (son)
58. STACK, D. W. 45 (flux) (T SC SC), S. S. 35 (wife), C. 48 (sister) (single) (T SC SC), E. 82 (mother) (widow) (old age) (SC SC SC)

Page 9, Dist. 4

59. BOYD, J. T. 29, N. W. 27, James 8 (cousin)
60. FELTS, J. M. 34 (saw miller) (T NC T), Mary A. 29, D. H. 8 (son), M. 75 (mother) (widow) (T NC NC); MORRIS, S. T. 11 (niece); FREY, J. T. 23 (no relationship shown) (farm laborer), FELTS, Lee 45 (cousin) (carpenter) (T NC T)
61. HYDE, George W. 39 (sick--no name), L. 35 (wife), J. H. 15 (son), B. F. 11 (son), Mary 8

Page 10, Dist. 4

62. PENNINGTON, J. R. 41 (T VA T), Eliza 31 (wife), A. M. 5 (dau), E. E. 3 (son), J. F. 1 (son), R. 86 (father) (VA VA VA), S. 60 (step mother) (T Ire Ire); INMAN, C. T. Y. 15 (nephew) (T KY T); STACK, C. T. 13 (servant) (f) (crippled); MAYO, W. J. 22 (laborer)
63. HYDE, Levy (B) 50 (flux) (T unk unk), C. 40 (VA VA VA), W. 10 (son), L. 7 (son), J. 6 (dau), Anna 3, N. 8/12 (b. Nov)
64. PENNINGTON, Tom (B) 41, Jane 39, W. 18 (son), G. 17 (son) (white swelling), Josh 15, Annis 13 (dau), Emma 7, Tomy 2 (m)
65. WILSON, J. W. 28, A. 24 (wife), Ed 6, M. 4 (dau), Maggie 1
66. SLEDGE, R. 48 (B) (AL VA VA), M. 52 (wife), Tom 14 (g son), Jack 10 (gr son), Simon 9 (son); WASHINGTON, C. 10 (g dau), Tom 8 (g son)
67. WILSON, J. T. 34, V. T. 28 (wife), L. D. 9 (son); CAGE, Betsie (B) 45 (servant) (widow)
68. HEAD, Monroe (B) 25, Jinny 21, W. E. S. 3 (son), L. A. M. 1 (dau)
69. JORDAN, Turner (B) 80 (gangreen in the foot) (NC NC NC), Emline 69 (wife); CAGE, Sam 22 (nephew); BATSON, M. 6 (great niece); DRAKE, Jack 25 (farm laborer)

Page 11, Dist. 4

70. NICHOLS, J. B. 28, L. F. 26 (wife), J. W. 3 (son), M. O. 1 (dau); HUGHES, Sam (B) 18 (servant)
71. WOODSON, T. J. 27 (T __ __), N. J. 25 (wife) (T __ T), M. D. 4 (dau), J. W. 4/12 (b. Jan) (son)
72. HARRIS, Burgess 40, S. J. 37 (wife), N. E. 12 (dau), W. R. 8 (son), M. J. 5 (dau), L. A. 3 (dau), Burgess jr. 9/12 (b. Aug) (W. R. through Burgess jr. have flux)
73. MURPHY, C. B. 19 (flux), W. P. 16 (wife), George 23 (brother)
74. OWEN, L. A. 69 (widower) (T NC NC), G. W. 29 (son) (married within yr) (T VA T), A. M. 18 (dau in law)
75. OWEN, Tom A. 42, Jane E. 41 (T NC T), W. C. 10 (son), M. E. 7 (dau), J. J. 5 (dau), T. L. R. 3 (dau)
76. OWEN, W. L.? 40, S. E. T. 26 (wife), G. A. 2 (dau)
77. ARRINGTON, Jno. 32 (cooper) (T NC T), Jinny 29, M. L. 10 (dau), N. T. 7 (dau), W. E. 5 (son), L. B. 8/12 (b. Sep) (dau)
78. WATTS, Tom 39 (cooper), M. T. 39 (wife), S. J. 18 (son), M. F. 14 (son), R. T. 10 (son), L. A. 6 (dau)
79. GREEN, J. G. 42 (school teacher) (catarrh) (T VA T), R. E. 38 (wife) (T NC T)
80. BOYD, Jane 60 (widow) (unk __ __)

13

CHEATHAM COUNTY

Hh# Page 12, Dist. 4

81. HYDE, Willis 73 (payalis) (crippled) (T NC NC), M. 58 (f) (married) (relationship not given) (T NC NC); SURLL, Zach 27 (laborer), J. T. 23 (laborer) (male); LANE, L. 29 (widow) (relationship not given)
82. WATTS, W. W. 45 (cooper & farmer), L. A. 39 (wife), N. W. 20 (son), J. B. 11 (son), W. B. 10 (son), B. H. 4 (son), H. N. 2 (son), L. M. 2/12 (b. Apr) (dau)
83. RAWSON, J. L. 23, J. 24 (wife), O. 6/12 (b. Dec) (dau)
84. ELLIS, E. S. 41 (widower) (T NC T), J. H. 18 (son), T. W. 16 (son), N. R. 14 (dau), George E. 11 (son), S. M. 9 (dau), Sallie 65 (mother) (widow)
85. INMAN, R. H. 33 (KY KY T), M. 32 (wife), L. L. 11 (son), L. E. 8 (dau), R. C. 5 (son), D. E. 10/12 (b. Jul) (dau)
86. WILLIAMS, J. B. 28 (widower), Mary J. 34 (sister), Lucy E. 3 (dau)
87. WILLIAMS, G. W. 21, M. 18 (wife), J. B. 6/12 (b. Nov) (son)
88. GIVENS, L. T. 47 (widower) (works out) (T DC T), M. G. 13 (dau), M. A. 11 (dau)
89. MURPHY, E. W. 27, P. 31 (wife), S. L. 9 (dau), L. 7 (son), Tom 5, Nannie 3, Nettie 10/12 (b. Jul)
90. NICHOLS, W. C. 50 (widower) (sprained ankle) (T unk unk), L. A. 21 (dau), W. A. 17 (son)

Page 13, Dist. 4

91. NICHOLS, W. H. 26, A. E. 21 (wife) (TX T IN), R. W. 2 (son), G. O. 9/12 (b. Sep) (son); BALTHROP, J. E. 47 (mother in law) (widow) (IN KY KY), F. F. 16 (sis in law) (TX TN IN), Albert 6 (bro in law) (T T IN), Saur? C. 19 (bro in law) (TX T IN); LAWRENCE, W. F. 22 (__ __) (laborer)
92. TESLEY, T. L. 26, Jennie 22 (wife)
93. BELL, G. W. 50 (NC NC NC) (single), R. 76 (sister) (NC NC NC), George (B) 15 (servant)
94. FOX, Lorenzo 75 (rheumatism) (NC CT VA), Mary 70 (wife) (T NC NC), George 24 (son), Sarah 25 (dau in law) (T _ T), William 11/12 (b. Jul) (g son), Cherry (B) 45 (cook), Sarah 25 (servant)

Page 14, Dist. 4

95. SHAW, J. W. 53 (general merchant), J. 46 (wife), B. F. 47 (bro), H. E. 22 (nephew) (clerk in store); BRINKLEY, W. J. 19 (cousin) (works in tobacco factory); SHAW, Ann (B) 40 (servant) (widow), James 12 (servant) (works in tobacco factory), M. (f) 10, Mary 8; HUNTER, R. 37 (servant), J. 10/12 (b. Sep) (m); WALKER, Jane 22 (servant); DARDEN, Gus 17 (servant) (works in tobacco factory); HUNT, Henry 40
96. CONNEL, Monroe 45 (B), Bettie 40 (wife), James 12, Mary 9, George 7, L. 3 (f)
97. DARDEN, Robt. (B) 50 (T VA VA), Fannie 45, Robt. 22, Charles 16, John H. 13, Jennie 9, Judy 4; CARR, Maria 75 (mother in law) (widow) (VA VA VA)
98. JACKSON, E.? 60 (widow) (farmer) (T NC NC), William A. 23 (son) (T NC T); WILLIAMS, Mary 6 (g dau); JACKSON, George D. 14 (son)
99. HUNTER, D. A. 43 (T SC SC), E. 39 (wife) (liver complaint) (T KY T), Carrol M. 19 (son), B. F. 16 (son), W. B. 13 (son), Anne? 10 (dau), Lizzie 8, Rosa 5 (dysentery)
100. HARRIS, Newson 33, Mary 31, James M. 10, Lizzie M. 2, Lula Bell 7/12 (b. Oct)
101. TEASLEY, A. 33, E. 25 (wife) (T NC T), J. T. 8 (son), N. E. 4 (dau); HARPER, E. 59 (mother in law) (widow) (T NC NC)

Hh# Page 15, Dist. 4

102. LINK, W. B. 57 (VA VA VA), Mandy 55 (T VA KY), R. E. 23 (son), C. 30 (dau), M. J. 28 (dau), C. (dau) 26, Mazy 22 (dau), William 20 (son), Bella 17
103. LINK, S. A. 33 (preacher) (T VA T), Sallie 27 (wife) (keeps rooms) (KY KY KY); TUCKER, Jane 60 (great aunt) (KY KY MD), FRAZIER, Charles (B) 21 (servant) (farm laborer)
104. FOX, H. C. 33 (T NC T), E. 25 (wife), M. A. 6 (dau), Ida L. 5, W. J. 4 (son), G. M. 2 (son), M. E. 8/12 (b. Oct) (dau)

Page 16, Dist. 4

105. MORRIS, M. P. 45 (widow), S. J. 17 (dau), B. B. 15 (son), G. B. 13 (son), L. B. 6
106. STERRY, C. W. 23 (T _ _), M. E. 19 (wife), G. T. 1 (son)
107. PACE, W. H. (30), M. M. 20 (wife), James T. 4
108. NICHOLSON, Scott 28, N. E. 35 (wife), M. L. 3 (dau), G. D. 4/12 (b. Jan) (son); JACKSON, M. C. 26 (sis in law)
109. NICHOLSON, A. H. 48 (T NC NC), L. A. 43 (wife) (T NC NC), W. Z. 22 (son); SHARRON, R. D. 19 (dau), B. H. 22 (son in law); NICHOLSON, L.? E. 17 (dau), H. T. 13 (dau), E. H. 10 (son)
110. SHAW, J. T. 33, N. C. 26 (wife), H. E. 12 (son), W. T. 2 (son), G. W. 2 (son), J. J. 2/12 (b. Apr) (son)
111. NICHOLSON, J. J. 36 (T NC NC), E. W. 33 (wife), W. T. 8 (son), L. M. 5 (dau), S. V. 3 (dau), B. W. 1 (son)
112. TEASLEY, J. W. 63 (T NC NC), Sarah E. 56 (wife) (T NC NC), H. F. 30 (son), D. A. 27 (dau), J. E. 19 (dau), L. B. 16 (son), S. L? 13 (dau)
113. WOODSON, M. 54 (widow) (farmer) (T NC NC), E. F. 30 (dau), A. D? 23 (son)

Page 17, Dist. 4

114. NICHOLSON, J. A. 37, V. A. 32 (wife), J. D. 12 (KY T T) (son), M. R. 10 (dau) (T), S. L. 8 (dau), Amy 4, M. D. 3 (dau), N. L. 8/12 (b. Sep) (dau)
115. MALLORY, James 84 (widower) (NC VA VA); PRESTON, E. E. 36 (niece) (widow) (MS MS T), May 14 (gr niece) (MS MS MS), F. 5 (gr niece) 5 (T MS MS); MALLORY, G. P. 43 (son) (widower) (T NC VA), James 4 (gr son), George 3 (grand dau); TOLLISON, R. 10 (m) (T _ _) (relationship not given); GARRETT, J. E. 22 (g son)

Page 18, Dist. 4

116. CAIN, A. N. 45, V. 35 (wife), H. W. 16 (son) (works in tobacco factory), M. W. 8 (dau), A. W. (son), C. C. 3 (son), J. T. 6/12 (b. Dec) (son)
117. POOL, W. H. 39, Z. 27 (wife), S. E. 6 (dau), Mattie 4, G. W. 2 (son); TEASLEY, Leander 16 (bro in law) (servant)
118. POOL, H. A. 52, Mary 35 (wife), Gus 15 (dau), Charlie 13, S. E. 10 (dau), Nancy 6, W. H. 2 (son)
119. HUNTER, James 48 (widower) (dysentery) (T SC NC), Eudora P. 16 (dau), J. I.? 9 (dau), Hetta (B) 45 (servant) (widow), Mary 13 (servant)
120. BALTHROP, Sam (B) 27 (T VA T), Harriet 24, John 6, R. 3 (dau)
121. WALKER, Dona 38 (widow) (farmer), J. T. 21 (son), Martha (21) (dau in law), Lily 1 (gr dau)
122. HEWITT, W. 49 (VA VA VA), L. 38 (wife) (T NC NC), W. 13 (son), Ira 12, Robt. 8, A. M. 6 (dau), E. A. 5 (son)
123. MORRIS, R. C. 45 (T KY T), Nancy N. 41 (KY T T), Thomas 18 (KY), M. L. 17 (KY) (son), E. W. 15 (son) (KY), A. H. 12 (son) (KY), W. B. 6 (son) (MO), A. L. 75 (mother) (widow) (T T T)

CHEATHAM COUNTY

Hh#   Page 19, Dist. 5

124. WALKER, Z. T. 32 (blacksmith), Alice 22 (T VA T), L. J. 4 (dau)
125. WATSON, A. E. 54 (widow) (farmer) (VA VA VA), M. S. 25 (dau) (MO VA VA), J. J. 21 (son) (T VA VA), M. T. 20 (dau), M. J. 17 (dau), W. D. 16 (son) (IL), T. R. 14 (son) (IL), J. A. 13 (son) (IL)
126. HUGGINS, Randall 51, Harriett 39 (wife), John 24, Cindy 13, James 10, Sissy 8, Fanny 5, Ellis 2

         Page 20, Dist. 5

127. STEWART, W. H. 64 (T VA NC), B. 67 (wife), N. B. 22 (dau); HUNTER, Mary (B) 19 (servant)
128. SHERRON, Zach 77 (NC NC NC), E. 57 (wife) (T KY T); POOL, George 20 (laborer); TEASLEY, Rena (B) 18 (servant, cooks), George 1
129. POOL, Joe 41, D. 40 (wife) (T T SC), Sallie 17, E. 16, Martha 13, Bob 11, Mary T. 9, Margret 7
130. SHERRON, S. S. 47 (T NC T), Arv? 46 (wife) (T NC NC), W. F. 25 (son), Emma 21 (dau) (consumption), Edward 19, L. M. 16 (dau), Z. D. 14 (son), James 12, Joe 6, John 4
131. REED, E. 80 (widow) (NC NC NC), James 40 (son) (T T NC), E. 28 (dau)
132. TEASLEY, Sallie 58 (widow) (farmer) (T VA VA), J. E. 25 (son), Millard 19, Mary Ann 20 (dau in law), Charlie 8/12 (b. Oct) (gr son); CHAMBLISS, Mary 68 (sister)
133. WALKER, B. F. 58 (T NC NC), Ann 48 (wife) (T NC NC), S. E. 20 (dau), Ida May 16, Mary A. 14, B. A. 12 (son), J. B. 10 (son)
134. HUDGENS, Ben (B) (59) (widower), Robt. 24 (son), L. V. 22 (dau), Ben 21, J. 18 (dau)

         Page 21, Dist. 5

135. HYDE, Willy (Mu) 46, Sarah (B) 30 (wife), James 15, Nice (Mu) 12 (dau), Martha 11, S. A. 9 (dau), Willy 7, Addie (B) 3, McTony 2 (son)
136. HUDGENS, Morris 65 (Mu), A. (40) (wife) (VA VA VA), Spencer (B) 16, Ida 14, Fannie 12, G. W. (Mu) 10 (g son)

         Page 22, Dist. 5

137. SANDERS, David 54 (makes boards) (T GA GA), Martha 52 (T VA VA), J. 21 (dau), J. L. 13 (son), M. D. 10 (dau)
138. HIGGINS, James 36 (works at saw mill) (TX TN LA), L. K. 23 (wife), Martha C. 13 (dau) (TX), Henry C. 1
139. TEASLEY, Plummer 66 (T NC NC), E. 64 (wife) (T VA VA), E. 28 (dau) (consumption)
140. SHERRON, Jessie 48 (T NC T), Sarah 43 (T NC T), Addie 20; SHIVERN?, J. D. 6 (bound boy); ALLBRITTON, Sid 17 (farm hand) (KY KY KY)
141. CRANCE?, H. P. (24) (T __ T), L. 24 (wife)
142. WALKER, Thomas 49 (T NC NC), E. (27) (wife), Martha 19 (dau), J. T. 1 (son), CRANCE, B. F. 10 (nephew) (rattle snake bite)
143. SHERRON, J. (B) 55 (T NC NC), M. (Mu) 53 (T VA VA), Jasper 7 (gr son) (T __ T); WALKER, Jessie (B) 25 (son in law) (married within yr) (T NC SC), Josephine 39 (dau)
144. MAXEY, G. W. 45 (sheriff) (T NC __), M. A. 45 (wife) (T NC T), G. W. 22 (son), W. B. 17 (son), G. E. 14 (son), M. E. 11 (dau), M. T. 7 (dau)
145. WALKER, W. H. 25 (married within yr) (T T NC), M. W. 19 (wife)
146. WATKINS, William (B) (35) (GA GA GA) (Margret 31 (T T KY), R. 9 (dau), W. P. 8 (son), Lula 4, Nannie 3, M. E. 1 (dau)

Hh#   Page 22 (cont'd)

147. TOWNS, H. F. 26 (school teacher), T. A. 24, S. O. 3 (son), W. G. 1 (son)
148. BATTS, Nancy (68) (widow) (SC SC SC)

         Page 23, Dist. 5

149. PRICE, L. D. 41 (KY __ __), Josephine 42 (T SC SC), N. R. A. 10 (f), H. T. 8 (m), M. J. 6 (f), J. C. 3 (f)
150. VANHOOK, J. B. 47 (T VA T), M. L. 35, C. J. 18 (f), M. T. 15 (f), M. Z. 13 (f), D. W. 7 (m)
151. HARRIS, Gade E. 43, F. A. V. 33 (T NC T) (f), M. A. 14 (f), E. 12 (f), Deliley 9, J. E. 7 (m), Emily 5 (f)
152. BOYD, J. C. 30, Nancy 24, E. L. 2 (m), A. T. 8/12 (b. Sep) (m)

         Page 25, Dist. 5

153. SHERRON, Zach 30, M. E. 25 (wife) (T NC T), Cora L. 2
154. SHERRON, J. W. 52 (black smith) (T VA __), R. 53 (wife) (T VA VA), G. W. 24 (son), H. R. 19 (dau), M. E. 16 (dau), J. W. (son), R. E. 12 (dau), L. B. 8 (dau)
155. HUDGENS, T. H. 41, Anna 31 (wife), Lizzie 12, William 8, Emma 6, S. J. 2 (son)
156. SHERRON, E. L. 52 (widow) (T NC NC); HARRIS, William (B) 21 (servant)
157. HUDGENS, B. W. 30, Martha 29, J. B. 10 (son), W. C. 1 (son)
158. NICHOLSON, Amy 54 (widow) (T NC NC), Coleman 26 (son) (widower), Bettie 19, Mary 17, William 6 (g son)
159. PACE, T. J. 25, M. A. 22 (wife)
160. MALLORY, Dave (B) 19, L. J. 21 (wife), E. S. 10/12 (b. Jul) (son); SCOOT, F. 14 (sister)
161. WILLIAMS, M. A. 57 (widow) (T VA T), T. W. 27 (son)
162. WALKER, Jessie (B) (60) (NC NC NC), Martha (55) (SC SC SC), Mary 17, Martha (55) (SC SC SC), Mary 17, E. 16 (dau), F. 13 (dau)

         Page 24, Dist. 5

163. POOL, N. B. 48 (T __ __), F. F. 45, J. A. 20 (m), J. T. 19 (m), B. F. 16 (m), Martha 14, W. H. 12 (m), J. E. J. 10 (m), D. Y. 8 (m), Dora Leu 5

         Page 26, Dist. 5

164. BELL, Thomas 49 (T NC NC), Nancy 31 (wife), M. R. 7 (dau), J. W. 4 (son), M. O. 1 (dau); HUNTER, Grace (B) 12 (servant); WILLIAMS, James 24 (W) (bro in law) (goes to school)
165. POOL, John 45, S. 31 (wife), E. M. 12 (dau), V. 6 (dau)
166. CLARK, Chalie (B) (50) (KY __ __), J. (45) (T T NC), Jacob 15 (step son); EATHERLY, Sue 21 (step dau), Charlie (4) (bastard) (T __ __), Minnie (2) (bastard) (T __ __)
167. NICHOLSON, Jessie (B) (25) (T __ __), Ann 27, Will W. 6, R. W. 3 (son), J. T. 2 (son), John J. 1/365
168. ROBINSON, Abb 58 (B), L. (49) (T __ T); BARTON, Willy 11 (nephew)
169. POOL, Henry 45, Mindy 40 (wife) (T unk SC), J. W. 20 (son), H. L. 17 (son), T. F. 14 (son), L. J. 12 (dau), R. L. 9 (son), M. R. A. 6 (dau), A. 3 (son)
170. GALOWAY, A. 52, Mary D. 29 (wife), J. H. 11 (son), M. E. 2 (dau); DAVIS, W. F. 9 (step son)
171. HOOPER, A. B. 66 (blacksmith) (rheumatism), R. 59 (wife) (liver disease) (T NC NC)
172. BELL, W. T. 29, E. 26 (wife), R. T. 5 (son), R. F. 3 (dau), J. R. 1 (son); BARTON, Henry (B) 20 (servant)

15

CHEATHAM COUNTY

Hh#	Page 27, Dist. 5
173.	PARDUE, G. M. 40 (T NC NC), C. D. 34 (T VA VA), C. P. 4 (son), A. M. 2 (dau), J. G. 3/12 (b. Mar) (dau)
174.	NICHOLSON, J. D. 50, W. A. 47 (T NC NC), J. T. 23 (son), R. A. 20 (son), W. C. 14 (son), D. W. 12 (son), D. H. C. 10 (son), P. D. B. 6 (dau); FRAZIER, M. E. 21 (bound girl) (T T KY); GUPTON, John 16 (bound boy) (T NC Ire)
175.	NICHOLSON, N. T. 26, R. B. 25 (wife); LITTLE, Willy 15 (servant) (T __ __)
176.	SMITH, W. W. 31, N. M. 30 (wife), L. A. U.? 7 (dau), V. 5 (dau), E. E. 2 (dau), J. V. 9/12 (b. Sep) (son)

Page 28, Dist. 5

177. TURNER, T. A. 40 (county clerk) (T NC NC), M. E. 33 (wife) (T NC T), J. R. 8 (son), M. E. 6 (dau), T. R. 4 (son), R. W. 2 (dau); BRYAN, E. 32 (servant)
178. BOBBITT, J. D. (30) (T NC NC), Sarah (25), Tom 6, ___ 3 (son); CARAGING, H. D. 22 (farm laborer)
179. PARDUE, M. A. 69 (widow) (T NC NC), E. A. 27 (son) (T NC T), M. (B) 75 (servant) (widow)
180. PARDUE, T. W. 42 (T NC T), M. B. 36, L. J. 10 (son), W. B. 8 (dau), S. B. 6 (dau), M. E. 3 (dau), T. E. 1 (m); BELL, S. A. (23) (boarder) (school teacher); JOHNSON, Hattie 15 (servant) (KY __ __)
181. EATHERLY, W. J. 24, N. B. 19, M. L. 1 (dau)
182. EATHERLY, J. 69 (T NC NC), S. D. 60 (wife) (T VA T), P. D. 21 (dau), F. W. 17 (dau)
183. SANDERS, N. J. 49 (widower), H. J. 23 (son), J. T. 21 (son), A. A. 14 (dau), R. D. 9 (son), C. J. 8 (son)
184. BRIGHT, J. W. 30 (T __ T), S. M. 28, A. E. 8/12 (b. Sep) (son)
185. WILSON, Charlie (B) 27 (T VA MO), Josh 23 (brother) (T VA MO), George 20 (bro) (T VA MO)

Page 29, Dist. 5

186. STEWART, Jack (B) 60 (widower) (VA VA VA), Jarre (25) (f) (T VA T), Abraham 16 (T VA T), John B. 10 (Mu) (gr son), Eddie 1/12 (b. May) (gr son)
187. SANDERS, J. W. 29?, R. 24 (wife) (T unk T), A. B. 4 (dau), S. L. B. 2 (dau), D. L. 4/12 (b. Feb) (dau)
188. HUDGINS, Ann (B) 30 (widow) (VA VA VA), F. (12) (dau) (T T VA), J. (8) (son), L. (4) (dau), M. 2 (dau)
189. FLINTOFF, H. C. 32 (T Eng T), Attia 26, Mary 3, Bessie 2, Ruth 2
190. BOYD, D. A. 25, M. 29, J. D. 2 (son)

Page 30, Dist. 5

191. TEASLEY, L. F. 42, M. A. 33 (wife), E. 12 (dau); BINKLY, C. L. 14 (adopted dau)
192. WALL, James D. 24, M. E. 24, M. E. 7/12 (b. Nov)(dau); HUNT, Stephen (10) (servant) (T T __)
193. LOCKART, W. S. 25 (M.D.), V. 19 (wife) (T AL T), Josephine 1, Eli 22 (brother)
194. HUNT, W. W. 36, O. W. 33, G. R. 11 (son), Mary 4
195. SMITH, Ben 68 (VA VA VA), S. A. 62 (T VA GA), L. B. 38 (dau), H. 34 (dau), Mary 27 (dau); BAKER, Henry 36 (hireling) (VA VA VA)
196. SMITH, J. M. 31 (T VA T), T. 28 (wife), William 3
197. BINKLEY, G. F. 28, M. 24, J. B. 5 (son); SMITH, J. J. 20 (cousin) (T VA)
198. KRANTZ, J. L. 68 (T VA VA), M. J. 42 (wife) (AL GA SC), Joe 31 (son) (fishurman?) (T T VA), J. B. 11 (son), G. B. 7 (son); OLIVER, H. C. 19 (T NC VA) (relationship omitted)

Hh#	Page 30 (cont'd)
199.	SANDERS, G. H. 37 (T T VA), Sarah 64 (mother) (widow) (VA VA VA), S. E. 30 (sis) (T T VA), M. J. 25 (sister) (T T T)
200.	WALKER, L. 30, G. A. S. 30 (wife), D. R. 22 (dau), M. L. 9 (dau), H. V. 5 (dau); EDWARDS, H. A. 29 (sis in law), J. M. 17 (bro in law)
201.	WALKER, T. W. 21, L. F. 26 (wife), R. L. 8/12 (b. Oct) (dau)

Page 31, Dist. 5

202. REED, B. F. 57 (flux) (T VA NC), M. A. 41 (wife), J. D.? 19 (son), B. F. jr. 16 (son), H. A. 10 (son), R. E. 8 (son), T. A. 4 (son)
203. SWEAT, Bob 65, Nicy 64 (Mu)
204. MATHEWS, Eligy (Mu) 23 (son in law), Martha (B) 22 (dau); SIMPKINS, R. G? 5 (Mu) (g son); STEWART, S. J. (g son) 3; MATHEWS, M. A. (B) 9/12 (gr dau) (all related to #203)

Page 32, Dist. 5

205. WALL, D. A. (27) (T __ T), E. 26 (T T VA), D. A. 5 (son), W. W. 3 (son)
206. STEWART, A. 48 (divorced) (f); GUNTER, J. E. 21 (son), J. M. 19 (son), M. A. 16 (dau), M. D. 14 (son), L. M. 12 (dau)
207. STEWART, William 80 (T NC NC), Polly 75 (T VA VA); COON, J. F. 35 (adopted) (m) (T VA T)
208. GUNTER, W. J. 23, V. 27 (wife)
209. WALL, Wilson (62) (T NC __), G. W. (28) (son), P. T. (24) (dau in law), E. E. (3) (gr dau), R. B. T. 7/12 (b. Nov) (gr dau); BINKLEY, Nancy (16) (relationship not given); WALL, J. D? (24), Mary A. (26) (wife), E. 8/12 (f) (b. Oct); SHAW, Bill (B) (17) (servant) (__ __ __) WALL, Marvel (65) (m) (servant) (T __ __); HINSON?, Tom (9) (servant) (nurces) (T __ __)
210. MAXEY, Rawls 62 (consumption), R. M. 58 (wife) (T NC T), M. F. 36 (dau), J. A. 29 (son), E. M. 27 (son), V. C. 24 (dau), E. R. 21 (son), B. A. 15 (son)
211. STEWART, E. 78 (widow) (T VA VA), E. M. 51 (dau) (seamstress), R. A. J. 46 (dau), T. S. 44 (dau); SMITH, Eliga 18 (laborer) (T T T)
212. SANDERS, J. W. 34, M. J. 35 (wife) (T T NC) W. W. 7 (son), C. W. 4 (m) (relationship omitted), John 64 (father) (T __ __)

Page 33, Dist. 5

213. SANDERS, H. W. 46 (T SC T), L. 40 (wife), J. D. 21 (son), M. T. 19 (dau), N. L. N. 17 (dau), Andrew 16, G. W. 15 (son), Becky 13, W. R. 10 (son), Martha 8, E. M. 7 (dau)
214. MAXEY, H. 51 (m) (T SC SC), M. A. 43 (wife), S. E. 12 (dau), E. V. 9 (son), V. H. 7 (son)
215. MAXAY, Jaino B. 21, L. F. 18 (wife), W. O. 8/12 (b. Sep)

Page 34, Dist. 5

216. WALL, William 70 (payralis of stomach) (crippled) (T VA NC), H. 53 (wife) (T VA VA), James H. 26, M. C. 19 (dau)
217. WALL, W. H. 32, R. 23 (wife), Lela B. 3
218. EDWARDS, W. J. 22, E. A. 21 (wife); GOWER, H. J. 49 (father in law) (no occupation), W. D. 23 (brother in law)
219. EDWARDS, A. 62 (T NC VA), Sallie 59 (wife), J. W. 35 (son); STEWART, M. T. 8 (g dau)
220. SHEARRON, Bill (B) 52 (T nC NC), Charity 43 (T __ T), Sam 27, I. 20 (dau), W. W. 18 (son), I. 17 (son), E. F. 13 (dau), V. B. 2 (g dau), James 3 (adopted son)

CHEATHAM COUNTY

Hh#	Page 34 (cont'd)
221.	JACKSON, William 42, E. A. 34 (wife), G. T. 9 (son), C. M. C. 7 (son), T. E. 6 (dau), J. 4 (son), S. E. 2 (dau)
222.	STEWART, J. Q. 30, Mary J. 27 (wife), C. N. 7 (son), M. 5 (dau), M. E. 3 (dau), J. B. 1 (son)
223.	STEWART, B. F. 53 (T VA NC), Emily 50, M. L. 8 (dau)
224.	REED, W. J. 24, S. E. 28 (wife), C. A. 1 (dau), M. L. 2/12 (b. Apr); PATTON, J. E. 18 (f) (relationship omitted)
225.	SHEARRON, W. J. 28 (blacksmith), N. E. 24 (wife) (child birth), E. M. 2 (dau)

Page 34, Dist. 5

226. OWENS, J. W. 51 (T DC T), A. 46 (wife), W. G. (son) 26 (school teacher) (crippled), Z. D. 25 (son), J. E. 20 (son), J. W. 19 (son), M. T. 18 (son), M. E. 14 (dau), J. W. 13 (son), H. F. 10 (son)

Page 1, Dist. 6

1. BATTS, Thos. 49, Martha W. 46, W. T. 24 (son), T. J. 22 (son), Mary A. 18, Nancy 15, B. W. 12 (son), Alphonso 8, Van Buren 4; POOL, Martha 14 (niece)
2. TEASLEY, Levi (B) 60, Gracy Ann 42 (wife) (T NC T), Sarah Ann 28 (dau), John Thos. 8 (g son), Mary A. E. 7 (g dau), Louisa C. 5 (g dau), Wm. P. 3 (g son); WALKER, Mariah 70 (mother in law) (cook) (NC NC NC); KING, Edward 25 (boarder) (teacher)
3. TURNER, Elisabeth 68 (widow) (rheumatism--crippled) (NC Ire NC); STEWART, Jane 20 (cook); BOWLING, Lee 9 (m) (relationship omitted)
4. WILLIAMS, Love 28 (m); BIGGERS, Mahala (B) 24 (cook)
5. BATTS, H. J. 20, Mary E. 21
6. TEASLEY, Nancy 54 (widow), John Thos. 18, Leander 15; POOL, James 80 (T NC NC) (father)
7. SHEARON, Unice (B) 45 (widow); WILLIAMS, Sarah 9 (g dau)
8. BELL, Green (B) 45, Sarah 33, Margaret 13, Martha 10, Jennie 8, Josaphine 7, George 6, Gracy 4, Robert 3, Nancy 1
9. BELL, George 43, Josaphine 30, Spacia Ann 9, Green Rogers 7, Wm. Henry 5, Thos. Joshua 10/12 (b. Aug)
10. MURPHEY, Edley (B) 53, Delany 58 (wife) (T NC NC); HYDE, Kittie 17 (relationship omitted); HUNTER, Wm. 6 (relationship omitted)

Page 2, Dist. 6

11. SHORE, Thos. 40 (T NC T), Elizabeth 26 (wife), Thos. 16 (son), Mary E. 14, Susan O. 12, Georgie 10 (dau), Belle 8, Victoria 5, Emmer 3, Walter Scott 5/12 (b. Jan); PARDEE, Isaac B. 23 (hireling)
12. STEWART, A. W. 51 (T VA NC), M. L. 49 (wife) (T NC NC), A. T. 24 (son), J. B. 22 (son)
13. MALLORY, Mary H. 45 (widow), Emmer V. 20, Virginia R. 19, James R. 17, Jessamine V. 12, W. Hicks 10; SMITH, Fannie 15 (house servant); MALLOY, Martha (Mu) 19 (cook)
14. CHAMBLISS, John 34, Anner R. 23 (wife), Mallory 1
15. WEAKLEY, G. W. 44, Alice G. 33 (T NC NC), A. Cora 10, T. Edward 9, Mina L. 7, Betty George 3
16. BALTHROP, Thos. G. 71 (NC NC NC), Mariah L. 67 (NC NC NC), H. Bettie 27; HUETT, B. Franklin 12 (hireling) (T NC T)
17. BALTHROP, Julius (Mu) 70 (widower) (VA VA VA), Peter 23 (T VA VA), Bertie (B) 23 !dau in law), Dora (Mu) 5 (g dau)
18. REEKS, Saml. 34 (T VA VA), Margarett 24, Georgie Aider 4, Mary J. 2; WADKINS, W. 18 (hireling)

Hh#	Page 2 (cont'd)
19.	KING, B. F. 51 (T NC T), Mary Ann 42 (T __ NC), R. B. 21 (son), Martha 18, Thos. T. 17, Franklin 15, E. H. 12 (son), Edythian A. 9 (dau), Mary Lou 6

Page 3, Dist. 6

20. STOKES, Wm. sr. 45, Mary 34
21. STOKES, Wm. jr. 21, Vintie 18 (T OH T)
22. HUNTER, L. J. 52, F. M. 40 (wife), J. D. 23 (son), J. T. 22 (son), M. L. 19 (dau), Rufus 15, Edmond 12, W. C. 4 (son), James (B) 14 (servant), Ellen 8 (servant)
23. HUNTER, Wm. Carrol 54 (T SC SC), Sophronia 51 (phthisis pulmonalls & prdapsus ___) (crippled) (T NC NC); WALKER, Margarett 24 (step dau); HUNTER, James 17, Charley 14, Sarah (B) 50 (servant--cook), Daniel 24 (servant), Saml. 20 (servant), John 18 (servant), Walter 12 (servant), Wm. 12 (servant)
24. JENNETT, Zach. 28 (T NC T), Henrietta 30, Robt. M. 5, Isaac W. 10/12 (b. Aug); HENDERS, Arena H. 39 (sis) (T NC T), Mary R. 20 (niece)
25. JENNETT, F. M. 34 (T NC T), Lucy A. 33 (T NC T), Hary 11, Nannie P. 10, Sallie A. 58 (mother) (T NC NC)
26. GUPTON, Tobe 31 (tends grist mill) (T NC T), Henrietta 35, BobaEtta 12 (step dau), S. D. P. 11 (step son), Minnie F. 5 (dau), John Duke 2 (son)
27. RINEHART, David 63 (T NC NC), Anna 62 (T NC NC); WILSON, Rebecca (B) 8 (servant)

Page 4, Dist. 6

28. WHITWORTH, Wm. 53, Martha J. 41, Alice 17, Henry 13, Irving 6, Louader 3, Lemuel 2
29. CROTZER, James 32, Dona E. 31, Jacob S. 5, Dcia (sic) A. 3
30. BALTHROP, J. H. 38 (dry goods merchant) (T NC NC), Mary J. 24 (T NC T)
31. DUKE, J. M. 44 (dry good merchant) (T KY T), H. L. 30 (wife) (T T NC), Cora L. 10, Philip E. 6, Allen H. 5, John T. 3
32. PERRY, Littleton 46, Mary 31 (wife), James 17, Saml. 15, Nellie F. 12, Sarah I. 9, Martha F. 8, Crow 5
33. GUPTON, E. N. jr. 29 (m) (blacksmith) (T NC T), SHEARON, B. F. (m) 23
34. JONES, T. C. 47 (NC NC NC), Mary R. 41 (wife) (T NC NC), J. T. 18 (son), W. N. 15 (son), Sarah A. 12, Mary L. 9
35. HUNTER, Drew (Mu) 20 (son--of whom?), Lettie (B) 39 (mother) (widow), James 7, Josaphine 5, John (Mu) 1; CARNEY, George (B) 24 (boarder) (wagon driver)
36. GUPTON, John J. 32 (T T NC), Martha J. 26 (T NC T), Essia 5, Mattie H. 1; HARRIS, J. C. 47 (boarder) (cabinet maker) (KY KY KY); HOLLIS, Gussie 12 (servant)
37. SIMMONS, Joham 33, Jane 30, Mary 2, Walton 1

Page 5, Dist. 6

38. GUPTON, Jane 54 (widow), Sarah A. 23 (T NC T), Fannie 21 (T NC T), Thos. 16 (T NC T)
39. NANEY?, Henry 52 (T VA VA)
40. PERRY, Marion F. 34, Julia 37, Wm. 12, Luella 11, Henry M. 6, Alice 5, James 3
41. HOLLIS, Isaac 56 (T T NC), Sindvilla 52 (T T VA), Margarett H. 14, Lucian A. 12 GALOWAY, Sarah 14 (g dau); HOLLIS, James H. 19 (hireling)
42. JONES, Alston 70 (widower) (NC NC NC), Martha 27 (dau) (T NC NC), Elizabeth 24 (idiot), Mary 21, Griffin 24, CLIFTON, John T. 14 (hireling)
43. PERSONS, Peter (B) 65 (NC NC NC), Clary 64 (T NC NC), Mary 31, Violet 24, John 19, Mary 5 (g dau), Frank (g son), Bettie 3 (g dau); HUNTER, Jennie 10 (orphan) (T NC T)

CHEATHAM COUNTY

Hh# Page 5 (cont'd)

44. NICHOLSON, A. F. 29, Osage Valley 25 (wife), George W. 5, Mollie Tenn 2, David C. 3/12 (b. Feb)
45. GRAHAM, Francis 59 (widow) (VA VA VA), John W. 26 (T T VA), Margarett C. 34, E. B. 31, Julia A. 22
46. GUPTON, Thos. 56 (sick head ache) (NC NC NC), Harriett 47 (T NC NC), Mary 20, George 18, Nancy 13

Page 6, Dist. 6

47. NICHOLSON, Wm. J. 50 (T NC NC), Delany 52 (wife) (T VA VA), John T. 23, James G. 22, Hamleton 19, Mary J. 15, Alvy 13, Rufus 10
48. NICHOLSON, Wm. P. 27, Emily 22
49. NICHOLSON, Dion 42 (T NC T), A. T. 32 (wife) (T NC T), Wm. Fred 2, Fo 18 (bro in law) (T NC T); BLANKENSHIP, George W. 15 (hireling); NICHOLSON, Gid 10 (bro in law) (T NC T); JONES, Angeline 26 (cousin) (cook) (T NC T)
50. CLIFTON, E. T. 46 (carpenter) (T NC NC), M. E. 38 (wife), James R. 20, Atty Ann 15, Mary J. 12, Joseph F. 10, Julia J. 7, Charley L. 5, Wm. Otho 2
51. SMITH, Jno. M. 43 (abscess--crippled), Josaphine 36 (T T VA), Mary Ida 15, Ora 8, George Morgan 5, James E. 4; WEAKLEY, Alx. 11 (hireling); HUMPHREYS, Charley (B) 17 (hireling)
52. SMITH, G. M. 34 (T T VA), Martha E. 37; HOLLIS, Theodore 9 (relationship omitted); SMITH, Sarah 17 (niece)
53. WEAKLEY, George H. 20, Emmer 20, John W. 10/12 (b. Jul)
54. FIELDER, Washington 43, Annetta 27 (wife), Liza Lena 2, Minnie Pearl 4/12 (b. Jan); GUPTON, Wallace (B) 18 (servant)
55. PARDUE, D. C. 43 (T NC NC), Nellie 30 (wife) (insane--epilepsy), Rena B. 10, John Sydney 2; BUNTON, Eliza J. 41 (as one of the family) (divorced), John B. 22 (hireling), Sarah E. 18 (as one of the family); PARDUE, A. J. 24 (boarder)

Page 7, Dist. 6

56. MAJORS, Henry (B) 55 (VA VA VA), Delilah 50 (MS VA VA), Tennessee 24 (blind) (T VA MS), Mary 20 (T VA MS), Wm. H. 9 (g son) (idiot), John C. (Mu) 3 (g son)
57. EVANS, George (B) 28 (T VA MS), George Ann 24, Henry (Mu) 6, Melvina 1
58. BLANTON, Henry 36 (IL NC T), Sallie 27, Mattie A. 4, Emmer Floyd 2, Charley H. 7/12 (b. Oct); HOLLIS, Alvy R. 22 (hireling)
59. MAJOR, J. S. 68 (temporarily crippled by falling) (T NC T), Sarah (Mu) 61 (servant) (T NC NC), J. Frank 18 (servant), Mary E. (W) 54 (sis in law) (NC NC NC); WADKINS, Hancellett 13 (hireling)
60. WILLIAMS, T. M. 34 (T VA T), Lou A. 24 (wife), Z. M. 6 (dau), Hardy Seers 8/12 (b. Oct)
61. HOLLIS, Johnathan 53 (T T VA), Elizabeth 48 (T NC NC), Martha 18, Lucinda
62. MAJOR, D. S. 39 (T NC T), T. C. 31 (wife) (T AL T), J. C. 10 (son), A. O. 8 (dau), V. E. 6 (son); GOSSETT, Elijah 28 (boarder) (T T KY); FISHER, Wm. 26 (hireling) (mill hand saw) (KY KY KY), WILLIAMS, Rob (B) 21 (saw mill hand); HUDDER, Peter 23 (saw mill hand); HUNTER, Robt. (Mu) 23 (saw mill hand); WILLIAMS, Millard (B) 25
63. NICHOLSON, Fannie (Mu) 42 (widow) (cook), Charles 14, Lucy 8, Willie 7, Bettie (B) 4

Hh# Page 8, Dist. 6

64. MAJOR, Rufe (Mu) 28, Catie 24, Amanda 3, George 2, Baby 1/24 (b. May); WILLIAMS, Fannie (B) 7 (relationship omitted)
65. HOLLIS, Wm. K. 59, Nancy J. 57 (T NC NC), Wm. 23 (T NC NC)
66. COAKLEY, Catharine R. 54 (no occupation) (T NC T), Adelade 25 (relationship omitted); FISHER, Ellen 18 (widow) (relationship omitted); COAKLEY, John H. 2 (relationship omitted), Thos. W. 8/12 (b. Sep) (relationship omitted)

Page 9, Dists. 7 & 15

67. HALE, G. W. 51, Ruth 27 (wife), Ruth jr. 13, Geo. W. 11, Albert T. 8, Mattie May 7, Emmer C. 5, Eller B. 3, Nannie E. 2
68. HUNT, J. Westley 68 (T NC NC), Mary H. 65 (T NC NC)
69. BEARDEN, Harvey M. 26 (T NC T), A. L. 21 (wife); HUNTER, Jordan (B) 16 (hireling); WILSON, Charlott 12 (servant)
70. NICHOLSON, Rufus 26, Nancy 31
71. CLIFTON, J. N. 44, Virginia B. 42 (wife) (T T NC), R. N. 12 (son), O. A. 17 (son), Charley W. 9, J. F. 6 (son), W. O. 1 (son)
72. SANDERS, Claiborn 56 (paralysis--crippled) (T T SC), Nancy 45, Martha J. 15, Alonzo R. 6
73. JONES, Lucy A. 52 (widow) (T NC NC), Sarah 40 (sis in law) (T NC NC) (idiotic)
74. JONES, Sentian (B) 48 (widow) (T NC NC), Daniel 22, Wilson (Mu) 17
75. WILSON, Joshua (B) 73 (widower) (NC NC NC), Sarah 16 (dau) (T NC VA), Joseph 15, Mary 13, Martha 12, Louis 5
76. PLASTER, Wm. H. 53 (T T VA), Sarah J. 43 (T T SC), N. A. J. 7 (dau)
77. PLASTER, Nancy C. 48 (T T VA), Martha A. 43 (sis) (T T VA)
78. SAWYERS, Anderson (B) 40, Millie 30 (T T NC), Georgiann 10, Mary E. 8, Wm. Thos. 7, Henry A. 5, Jas. E. 3, Jo Mar. (m) 1

Page 10, Dists. 7 & 15

79. TEASLEY, D. G. 56 (T NC SC), Juda 54 (T VA VA), B. A. 33 (son), T. A. 13 (dau), Mary 88 (mother) (SC VA SC); BINKLEY, Andrew M. 11 (as one of family); NICHOLSON, Nancy D. 28 (as one of family) (T NC T)
80. HARRIS, Emily R. 45 (widow), Burgess F. 15, Sarah A. 11, Thos. 8; MILES, Delilah 67 (aunt) (T NC NC)
81. PACE, W. Hack 58 (T NC NC), Judith 55 (T NC NC), Wm. 29 (idiotic), Frank 25 (school teacher), Henry J. 21, Mary H. 18, Joseph C. 16, Jefferson W. 13, Lavina 12; TEASLEY, Hannah (B) 40 (servant--cook)
82. GIPSON, James 31 (KY KY KY), Martha E. 24 (MS MS MS), Jane B. 6 (KY KY MS), Susan E. S. 1 (T KY MS); HOLCOMB, J. J. 50 (mother in law) (MS T MS), Sarah C. 21 (sis in law) (MS MS MS), Wm. A. 14 (bro in law) (T MS MS)
83. MILES, Henry W. 49 (T VA T), Perlina 30 (wife), Thos. J. 17, Sarah E. 10, Mary E. 8, Laura F. 7, Cornelia M. 4, Susa Bell 2, Charley L. 1
84. PERRY, Nancy Ann 42 (widow), Robt. Lee 14, John Riley 10
85. STEWART, J. S. 59 (T VA T), Mary J. 57, Laura 23; MILES, Martha A. 13 (cousin)
86. STEWART, Robt. Eaton 57 (inflamatory rheumatism) (T NC NC), Mary A. 51 (T NC SC); CARRIGHAN, Thos. W. 19 (orphan)

Page 11, Dists. 7 & 15

87. EVERETT, James 40, Emer R. 29 (wife), Martha J. 10, Mary T. 8, Clarence W. 6, Sophia E. M. 1; SANDERS, Wm. 12 (hireling)

CHEATHAM COUNTY

Hh#	Page 11 (cont'd)
88.	STEWART, J. Thos. 24, Elmina 24, Louela 11/12 (b. Jun); COAKLEY, George 12 (hireling)
89.	CAIN, John J. 38 (fisheman--sic) (T T NC), Virginia Tenn. 40 (T VA T); POOL, Wm. Thos. 19 (step son); CAIN, John Walton 5 (son), Mary Tenn. 4 (dau); STEWART, Catherine 68 (mother) (NC NC NC)
90.	HARRIS, Martha 37 (widow) (T T NC), Anner 21, Henry W. 9, Jennie Lee 8, Mary Virgil 10/12 (b dau)
91.	WEAKLEY, Nancy L. 74 (widow) (NC NC NC), Freedonia 49 (T T NC), B. Louis 35 (T T NC), Louisann F. 27 (dau in law) (T T); HARRIS, Joseph 15 (hireling), David 12
92.	DOAK, Thos. A. 28, Olie 26 (wife), Mary E. 2, Martha W. 1
93.	PARDUE, Robt. C. 41 (T NC NC), F. L. 30 (wife), Sarah S. 14, Lenora 11, M. L. 9 (dau), D. W. 6 (dau), F. B. 4 (son), Austina 2
94.	BOBBETT, Lee 26 (KY T T), N. J. 24 (wife); FORBES, Polly 66 (aunt) (VA VA VA)
95.	BOBBETT, Wm. J. 38, Nancy H. 40 (T VA T), Mary E. 12, Wm. J. 10, Robt. Lee 8, Ader M. 9/12 (b. Aug), SIMMONS, Burgess H. 21 (hireling)

Page 12, Dists. 7 & 15

96.	WEAKLEY, W. D. 51 (T T NC), Nancy J. 45, Mary L. 20, Nancy T. 20, Robt. Francis 17, John L. 15; TEASLEY, Thos. 18
97.	CHAMBLISS, M. M. 66 (T VA VA), Lydia A. 40, Mary E. 31, Thos. F. 18, Robt. D. 13, George A. 6, B. B. 1 (m) (relationships omitted in household)
98.	FRAZIER, Thos. B. 24 (T NC T), Ida A. 23
99.	PAGE, Abner 43 (T NC T), Mary E. 33 (T NC GA), Ed M. 17, David 13, John 10, Maggie 8, Saml. 6, Charley 5, Thos. 4, Bobby 2 (relationships omitted)
100.	DAVIS, Benj. 45 (T T NC), Eliza Ann 37, Savanah 13, Wm. Benj. 12 (relationships omitted)
101.	SMITH, Susannah 66 (widow); FARMBROUGH, Elmina J. 46 (dau); SMITH, Sophronia 26 (dau); FARMBROUGH, Margarett 14 (g dau), Albert 12 (g son), Elizabeth 10 (g dau)
102.	BOBBETT, Joseph 36, Martha E. 38, Rufus L. 9, Virginia I. 7, Martha L. 2, Susan E. 1/12 (b. Apr), Sarah L. 14 (as one of family); WATTS, Leathy (f) 69 (mother in law) (T NC Ingland), Nancy L. 39 (sis in law)
103.	DENNY, A. J. 34, Mosaphine 27 (wife), Thodocia 10, Joseph R. 7, Minnie J. 5, Mollie D. 1, Mary Gracy 63 (mother) (T NC NC); ADKINS, Martha J. 41 (sis); FIELDER, Mollie L. 21 (niece), Emmer B. 18 (niece); ADKINS, Thos. 15 (nephew), Mary D. 8 (niece); DENNY, Geo. W. 28 (bro)

Page 13, Dists. 7 & 15

104.	WATTS, R. J. 29, Fredonia R. 24 (wife)
105.	SIMMONS, Harris 51, Martha J. 51, James I. 27, Geo. W. 21, Jo E. 19, Susan M. 17, Opie P. 10 (son)
106.	JUSTICE, T. L. 52 (VA VA VA), Sarah J. 35 (wife), Geo. W. 18, James T. 16, Wm. D. 15, Joseph D. 13, Martha A. 10, Susan E. 4, Lou A. 4 (dau), John B. 1
107.	MILES, Thos. J. 53, Martha J. 53, Alx. W. 27, Martha A. 22, Thos. Zion 18, Sarah J. 15, Eller Lowe 12 (f)
108.	SMITH, Louis F. 34, Eliza A. 22 (wife), Mary 71 (mother) (T NC VA)
109.	SMITH, Oliver 35, Martha P. 25, James 4, Robt. Abner 2, Charley Morgan 4/12 (b. Feb); HUNTER, Mary A. 55 (mother in law) (T NC NC), Tennessee 14 (sis in law); ADKINS, Thos. 14 (hireling)

Hh#	Page 13 (cont'd)
110.	HARPER, Robt. 29, Sallie C. 31 (MS T T)
111.	SANDERS, Washington 28, Josaphine 22, George F. 3, Martha E. 2, Nancy R. 11/12 (b. Jul)

Page 14, Dists. 7 & 15

112.	SMITH, Washington 31, Emmer 17 (wife), Thos. 6/12 (b. Nov)
113.	SMITH, Sarah 70 (widow) (T VA T), Martha J. 48, H. Abner 30
114.	FARMBROUGH, John 51, Sarah 47, Gideon 25, Laura 23, David 21, Willie 19, Mattie 17, John 14, Robt. 12, Rufus 11, George 7
115.	MALLORY, Rosa (B) 29 (widow), Huldah A. 11, Louisa 9, Eugenia 5
116.	FIELDER, B. Frank 28, Madora J. 29, James W. H. 10, Theodore A. 5, Lenora B. 3, Ninnie M. 1/12 (b. Apr)
117.	GUPTON, Thos. 33 (T nC T), Nancy E. 33, Lou Etta E. 12, Mary R. 10, John T. 6, Wm. Volley 1, Syntha T. 50 (mother) (T NC T)
118.	HUNT, James H. W. 34, Sarah P. 29, Charley B. 7, Nannie B. 3, James H. 2
119.	WILLIAMS, James H. 74 (T NC T), M. A. 68 (wife) (T NC NC), Willo. 35, Ellen S. 28 (dau in law), Nannie Z. 7 (g dau), Stewart 6 (g son) (GA), Mary 3 (g dau) (GA); WILSON, Marina 23 (servant) (T NC NC); BARTON, Newel (B) (m) 17 (servant)

Page 15, Dists. 7 & 15

120.	O'BRIAN, Jno. 31 (Ire Ire Ire), Margarett 33 (Ire Ire Ire)
121.	TEASLEY, Louis (B) 25 (headache), Jennie 20, Willie 5, Emmer 4, GeorgiAnn 1
122.	TEASLEY, Mark (B) 46, Lavina 32 (wife), Martha 7, James 5, Eller 3, Willie 1, Campbell 11
123.	WILLIAMS, Jno. (B) 47 (T NC T), Phillis 43, James E. 20, Tabitha 14, Thos. 11, Mary 6, George 4; BARTON, Alx. 24 (son in law) (wagoner), Edny 18 (dau)
124.	ROBERTSON, Wm. L. 44 (carpenter), Freedonia 44 (T SC T), Wm. D. 19, Robt. G. 12
125.	PERSONS, Saml. (B) 29 (T NC NC), Judy Ann (Mu) 25, Harriett 7
126.	BALLARD, J. W. 53 (KY VA VA), N. W. 53 (wife), Julia Belle 19 (KY), Thos. H. 16 (KY), Robt. W. 14 (KY), J. E. 11 (KY) (m), Ezra 7 (KY)
127.	TEASLEY, Scott 30, Melvina 26, Lela 5, Tula 4, Lizy 3, Harris 28 (bro); FREY, Wm. N. 19 (bro in law)
128.	BATSON, John (B) 65 (VA VA VA), Patsy 70 (asthma) (T NC NC), Martha 20 (T VA T), TURNER, Thos. 12 (nephew) (T T T)

(no fixed home)
STEWART, A. F. 66 (widower)

Page 16, Dists. 7 & 15

129.	OUTLAND, J. H. 34 (T NC T), Louisa 27 (wife)
130.	BOBBETT, Julia 47 (widow) (T NC NC), J. Dow 24
131.	MALLORY, Levi (B) 23 (T T KY), Marina 18, Rachel 1
132.	WILLIAMS, Perry (B) 20, Spacia 21
133.	BARTON, Robt. (Mu) 43, Sarah 24 (wife), Lutitia 8, Cave 6, Lucy 3, Ebby (f) 1
134.	JONES, Milton 35, Victoria 22 (MS MS MS), Wm. A. 4, Robt. C. 6/12 (b. Nov); WEBB, Wm. R. 11 (bro in law) (KY MS MS)
135.	WILLIAMS, T. M. 50, Elizabeth J. 48, James W. 21, Joseph J. 18, George W. 9, W. F. 6 (son)
136.	MILES, W. H. 51 (T VA T), Mourning 28 (wife) (T NC T), Alice T. 24, W. J. 18 (son), M. E. 14, Ab. A. 2, Naumi L. 5/12 (b. Jan)
137.	WEBB, M. W. 43 (MS T T), Mary F. 25 (wife), John H. 3, Sarah L. 1; ALSBROOKS, Charley J. 19 (hired hand) (AL MS T)
138.	WILLIAMS, Robt. (B) 66 (KY __ __), Easter 68 (T NC NC), Thos. 18; TEASLEY, Mary 6 (g dau)

19

CHEATHAM COUNTY

Hh#   Page 16 (cont'd)

139. WILLIAMS, Thos. W. 42 (physician), Fannie 36, Mary C. 15, Birdie 11, James H. 9, Wm. B. 7, Thos. W. jr. 4, Annie 2

Page 17, Dists. 7 & 15

140. WHITE, Saml. (Mu) 35, Sophronia 30, Sophia 3/12 (b. Mar)
141. EVANS, David 40 (MS MS T), Elizabeth 30, Sophronia T. 9, John 8, Wm. 7, James V. 5
142. NANNIE, Wm. 35, Sarah 30, John 6
143. FARMBROUGH, A. H. 52 (T T VA), Rutha A. 49 (T OH T), James W. 19, Johnathan L. 18, Thos. P. 16, L. L. 13 (dau), Wilson D. 11, Robt. Z. 9, Emmer B. 6
144. PAGE, Moody 42 (T SC SC), Mahala E. 33, Thos. J. 21, Robt. 18, Mary Etta 13; LANKFORD, Sarah (B) 45 (house girl--cook), Fannie 20 (house girl)
145. FARFIE, Richard (B) 51 (KY KY KY), Nancy 38 (wife), Anner 13, Buster 6, Bedy Ann 14, Puding 3/12 (b. Feb) (son)
146. DENNY, W. H. 41, M. A. 33 (wife), James Robert 14, Martha W. 6, Benj. F. 2, Ammer O. B. 3/12 (b. Feb)
147. TIMS, William 54 (T __ __), Elizabeth 32 (KY __ KY), Evaline M. 15, Nancy 12, Jettie Belle 5
148. BARTON, Elizabeth 52 (widow), John David 22 (IL), Ivison 17 (IL), GeorgeAnn 14 (IL), Caroline 12 (IL)

Page 18, Dists. 7 & 15

149. JONES, Robt. 57 (widower) (asthma) (T NC NC), Dempsy 23, Thos. C. 13 (hip joint disease), Frances 9; MASTERS, Judah (f) 37 (as one of family) (T Eng T), Henry M. 15 (as one of family)
150. HALL, Elijah J. 40, Mary Ann 32, Love 16 (dau), Mary J. 12, Willie 8
151. HUMPHREYS, Alx. (Mu) 24, Jane 27, Squire 5
152. WRIGHT, Thos. 43 (works at wagon filloe saw), Mariah 28 (wife) (T T NC), Robt. Alx. 7, Mattie M. 4, James F. 10/12 (b. Jul)
153. FORBES, Joseph 51 (T VA VA), Mary E. 33 (wife), Colvin 22, Delilah 18, Sidey 8 (dau) (IL), Matt. Ghent 11 (IL), Martha 4 (IL), Harriett 9/12 (b. Aug) (IL)
154. PERRY, James A. 27, Sarah 28 (T VA NC), Ed. L. 5, Horace O. 3, Charley W. 4/12 (b. Jan), Malinda 65 (mother) (T NC NC)
155. NANNIE, Wm. 28, Sallie 27, John H. 6
156. SHAW, Thos. J. 50 (retired physician) (T NC NC), Emmer A. 47 (T VA VA), Ida 18, Addie 12; JONES, Sarah A. 83 (mother in law) (VA VA VA), JACKSON, M. L. 29 (T VA VA); DOAK, Sabie (f) 23 (boarder) (school teacher) (T PA VA); BALTHROP, Dempsy (Mu) 19 (hireling); LANKFORD, Fannie (B) 26 (hireling--cook), Orman (Mu) 1 (m)
157. GRAHAM, Andrew 65 (OH OH OH), Jane 33 (wife) (KY Ire Ire), Andrew 15, John G. 12, Ada 10, Martin 5, Etta 6/12 (b. Nov)

Page 19, Dists. 7 & 15

158. EATHERLY, T. H. 63, Caroline 55 (wife), Isaac 19, Robt. 16, John S. 14; EDWARDS, Mary Ann 14 (g dau), Edith C. 9 (g dau)
159. HOGAN, J. W. 62 (T NC NC), Caroline 52, George 21, Shelvy 19 (son), John 17, Charley 13; WILLIAMS, Sarah (B) 40 (servant), Irving 2
160. JONES, Wm. 28, Mary 27, Loueller 3, Lilly Leota 3/24 (b. May)
161. GUPTON, Calvin 55 (NC NC NC), Margarett 63, Isaac H. 11; BLANKINSHIP, Sarah T. 30, Sarah M. 10 (g dau)
162. PARDUE, Lafayette 47 (T NC NC), Mary 43 (T VA VA), Sarah 23, Jeraline 20, F. W. 18 (dau), Wm. H. 9, John M. 6, Sinda 1

Hh#   Page 19 (cont'd)

163. WILLIAMS, Rick 45, Mary 39, Wm. H. 18; COLLINS, Thos. 14 (stepson); WILLIAMS, Martha A. 13, Mary E. 11, Robt. Lee 7, Richard 6
164. FRAZIER, Doublin (B) 56 (T T Africa), Lucy Ann (Mu) 47, Charley (B) 21, Louisa (Mu) 16; PARDUE, Mary (B) 14 (niece); TEASLEY, George (Mu) 10 (nephew); FRAZIER, Izell 6 (g son), Louella 4 (g dau), Mary J. (B) 2 (g dau)

Page 20, Dists. 7 & 15

165. FRAZIER, Hawkins 28 (T NC T), Virginia 27, Sallie O. 6, James H. 5, Robt. F. 3; FARLEY, Frank (Mu) 20 (hireling)
166. FRAZIER, Jane 54 (widow) (T VA NC), B. Franklin 21 (T NC T), R. L. 18 (son) (T NC T), ANDERSON, James (B) 23 (servant) (T NC T)
167. FRAZIER, Susan 55 (widow), Henry 32, Lucy J. 24 (dau in law), Nancy 19 (dau); HOLLIS, John R. 22 (hireling)
168. GUPTON, John 23, Jeraldine 26
169. FRAZIER, Howell 69 (NC NC NC), Sarah 65 (T NC NC), George W. 35, Nancy A. 33, Celia (B) 42 (servant), Manerva 21 (servant), James W. 14 (servant)
170. MOSLEY, Jno. T. 48 (dry goods merchant), Drusilla 35 (T NC T), Mary J. 18, Dempsy G. 15, Clarence 11, Johny 9, Nancy J. 7, Edward 5, Richard A. 3, Elizabeth 6/12 (b. Dec); NICHOLSON, Jas. 18 (relationship omitted) (T NC T); READ, James M. (boarder) (blacksmith), NICHOLSON, Dora 14 (boarder) (T NC T); EVANS, James (B) 27 (hireling)
171. NANNY, Jno. 31, Eliza Ann 38, Sarah B. 10, Wm. J. 8, James D. 13 (bro); CLIFTON, Delilah 70 (step mother in law) (NC NC NC)
172. STEWART, Booker (Mu) 42, Harriett (B) 23, Eugenia 2, Wm. Bass 1

Page 21, Dists. 7 & 15

173. JONES, Hiram 37 (T NC T), Parthena 36, Dona 15
174. NICHOLSON, J. M. 53 (T NC T), Rebecca 50 (wife) (T T NC), Mary T. 22, Henry L. 21, Griffin 19, George A. R. 8 (dau)
175. WILLIAMS, Harry (B) 37, Mary J. 29 (Mu), Henry 8, Fannie 5
176. BARTON, Westley 37 (Mu), Tabitha 46 (wife); HUNTER, Clarence (B) 6 (cousin); TEASLEY, Adele 5 (niece); PARDUE, Lou (Mu) 19 (niece); Levi 23 (nephew) (school teacher), George 1 (grand nephew)
177. PARDUE, A. J. 47 (T NC T), Catharine 40, H. Abner 17, Dixie 14, Sallie 11, E. Nannie 7, W. Charles 4, Mary R. F. 4/12 (b. Jan)
178. KNOX, Nancy 75 (widow) (NC NC NC), Obediah O. 39 (son); STEWART, Jennie 26 (niece)
179. GUPTON, Cooper 59 (NC NC NC), Mary 52 (T NC NC), Robt. C. 22, Calvin D. M. 17, Jessee D. 12; HOLLIS, Mary J. 14 (house servant)
180. BAKER, John 23, Aquilla 20 (wife)
181. WALTON, J. B. 53 (pysician), M. L. 47 (wife), W. A. 22 (son), James R. 18, P. M. 13 (son); ROBERTSON, E. C. 60 (hireling) (widower) (NC NC NC); MOODY, Robt. 60 (bro in law) (T NC NC), A. M. 56 (sister); BIGGERS, Hannah (B) 20 (servant), Eddie (Mu) (f) 3/12 (b. Mar); WALTON, James (B) 12 (servant), Wm. 10 (servant)

Page 22, Dists. 7 & 15

182. WALTON, Hary (B) 70 (T NC NC), Mariah 60 (wife) (cook); TEASLEY, Willie 5 (grand son)

CHEATHAM COUNTY

Hh# Page 22 (cont'd)

183. JONES, Clinton 32 (married within yr),
     Emily T. 32; MAJOR, Captola W. 10
     (step dau), Mary T. 9 (step dau),
     James M. 6 (step son), Lucy B. 4
     (step dau)
184. McCLELLAND, Martha S. 37 (widow), Jno. J.
     8, R. Henry 6; HARDEMAN, N. P. 58
     (uncle) (retired merchant) (T T VA);
     LANIER, Lou V. 18 (f) (house servant);
     GRIMES, D. J. 14 (niece); ELEAZER,
     Cora Lee 12 (niece), S. Inez 10
     (niece)
185. WADKINS, J. A. 24 (works in saw mill), Eliza
     Jane 23; COAKLEY, Charles 21 (boarder)
     (farm hand)
186. PARDUE, Wm. J. 29 (dry goods merchant),
     Emmer V. 19 (wife), M. Alleen 8/12
     (b. Sep) (dau); HUNTER, Wm. 9 (Mu)
     (servant)
187. HUNTER, Allen 60 (T NC NC), Mary J. 54
     (wife), D. R. 22 (son), Jno. 17,
     Bettie A. 15, M. L. 14, Georgie A. 10
     (dau), Dink (Mu) (f) 11 (servant)
188. MAJOR, Geo. W. (Mu) 26, Anner 27, Chess 9
     (step son), Sarah 7 (dau), Mary Lou
     5, Georgie 4 (f), John 1
189. TAYLOR, David (B) 60 (T T NC), Lucy 40
     (wife) (T VA VA), Lizzie (Mu) 12 (step
     dau), George (B) 9 (son), Emmer 7,
     Tabitha 5, Isaac C. 3, Sarah J. 2;
     WEAKLEY, Saml. W. 13 (nephew), Wm. H.
     C. (Mu) 5 (nephew), H. Clay 35 (bro
     in law) (widower) (T VA VA)

Page 23, Dists. 7 & 15

190. BINKLEY, A. F. 35 (physician) (T T NC),
     Mary Isabella 30 (T VA NC), Isabella
     J. B. 5, Martha R. 3; DARROW, Mary E.
     28 (cook); HUNTER, Wm. (B) 18 (hire-
     ling)
191. COUNCIL, Priscilla 58 (divorced) (T NC NC),
     VENTRESS, James L. 62 (married) (T NC
     Scot), Mildred 57 (T NC NC), Nancy J.
     35 (dau) (widow), Mattie 14 (gr dau),
     James 12 (gr son)
192. TURNER, R. S. 33 (school teacher) (T T NC),
     M. Rebecca 32 (T MD T), Eudora Bell 6,
     Thos. Norman 3; WILSON, Spacia (B) (f)
     24 (servant)
193. SMITH, James 30, Susan 25, Mattie 5, Willie
     3, Walter 1

Page 24, Dist. 8

194. JACKSON, Harry (B) 66 (NC NC NC), Patsy 70
     (wife) (VA VA VA)
195. HAGEWOOD, Thos. Y. 29 (T NC T), L. C. 25
     (wife), J. P. 5 (son), J. B. 3 (son),
     T. W. 4/12 (b. Jan), H. D. 44
     (brother) (T NC T); HAMPTON, James 21
     (relationship not given); BLANTON,
     Puss 35 (aunt) (widow), Clary A. 14
     (cousin) (f)
196. DAVIS, Jno. 51 (widower), James H. 16,
     Saphina 14, Lena 12, J. T. 10 (son)
197. HAGEWOOD, N. P. 73 (rheumatism) (crippled)
     (NC NC NC), Mary 53 (wife) (T NC NC),
     Wm. A. 22 (carbuncles, crippled),
     Fountain E. P. 14, Mary A. 13;
     DANIEL, Louisa 18 (gr dau); CARROL,
     Quintina 55 (sis in law); MAYBERRY,
     Mocaby 25 (son in law), Freedonia 24
     (dau) (pul. consumption) (crippled),
     Marshal L. 6 (gr son), Mary Rebecca 4
     (gr dau), Wm. Nichols 2 (gr son);
     WARD, Louisa C. 33 (dau), Mary D. 9
     (gr dau) (T KY T), Vista J. 8 (T KY T)
     J. Neoman 6 (g dau) (AL KY T), Marion
     D. 4 (gr son) (AL KY T), G. W. 1
     (gr son) (AL KY T)
198. HAGEWOOD, Jno. 46 (T NC T), Cordelia 27,
     Robt. Lee 16, Jno. Thos. 13, Mary
     Ader 11, Martha W. 9, Elijah W. 3/12
     (b. Feb)

Hh# Page 24 (cont'd)

199. MOSLEY, Peyton (B) 59 (VA VA VA), Susan 33
     (wife) (MS NC MS), Parlee J. 15, Si.
     11, Robt. 9, James 7, Charles 5
200. JACKSON, Peter (B) 54 (VA VA VA), Matilda 45
     (MS NC NC), Mary 20, Jane 18, Patsy 15,
     Alx. 13, Bettie 10, Catharine 8, Peter
     6, Florence 4, Easter 1/24

Page 25, Dist. 8

201. HAGEWOOD, Cave 28 (T NC T), Viola 27, Mary
     E. 5, Ophelia A. 4
202. HAGEWOOD, Wadkins 30 (? NC NC), Louisa 32,
     Vanderbilt 4, Paul Eve? 2, Franc. M.
     6/12? (b. Dec) (son)
203. MAYBERRY, James W. 26, Martha P. 25;
     SUTTON, W. H. 18 (cousin)
204. HAGEWOOD, James 28 (T eC T), Louisa 31 (T
     NC SC), Amanda E. 6, F. C. 2 (dau),
     W. H. 2/12 (b. Apr) (dau); TINSLEY,
     James 13 (hireling)
205. DENNING, Elisabeth 60 (widow) (T NC NC)
206. JONES, John 33 (T T NC), Martha A. 33, Anna
     E. 7, W. Coffee 5, John A. 4, Levi B.
     11/12 (b. Jun), Louis 27 (brother) (T
     T NC)
207. JONES, Thos. (B) 45 (preacher & farm hand),
     Dona (Mu) 30, James (B) 8, Docia 5,
     Anna 2; MATHIS, Sicily 60 (mother)
     (widow)
208. HUGHES, Chaney (B) 45 (widow), Rufe 22 (son),
     Jane 19, Ann 16, Ransom 10, Sarah 8
209. SMITH, Rachel (B) 50 (widow), Birton 19,
     Mack 16, Manerva 12, Buster 7, Dallas
     10
210. PROCTOR, Robt. 27 (married within yr) (T VA
     T), Sarah 18 (wife), Elijah 22 (bro)
     (T VA T)

Page 26, Dist. 8

211. BOYD, Caswell (Mu) 53, Martha 50 (B) (wife)
     (T KY T), James 16, Manerva 14
212. CLAXTON, James L. 34 (T SC T), Elisabeth
     43 (T PA VA), Alice B. 7, David E. 5,
     Fannie 3
213. CRISTIE, J. T. 50 (T NC VA), Susannah 56
     (wife) (T PA VA), Mary F. 22, J. T.
     15 (son); HAMPTON, Martha J. 20 (dau)
     (married), Malinda A. 1/24 (b. May)
     (gr dau)
214. CRISTIE, Elijah 27, Russ 23 (T NC T), Henry
     5, LouElla 4, J. T. 2 (son); SWAW?,
     Robt. 18 (hireling)
215. GROVES, Henry B. 48 (T PA T), Clementine
     24 (wife), Robt. 21 (son), O. C. 20
     (son), S. M. 18 (son), Ellender 16
     (dau), Mitchel B. 13, Savannah 11,
     Susan 9, Henry T. 1
216. WYNNIS?, Buck 27 (widower), Thos. 2 (son);
     McCAULEY, Wm. 18 (hireling); CROW, M.
     S. 29 (hireling), Eliza 27, Albert S.
     8, Wm. T. 6, Purney 4, Mary E. 1
217. PANSCHEER, Jno. H. 41 (Ger Ger Ger), Mary
     24, Wm. O. 5, Jno. T. 4, Catie 1

Page 27, Dist. 8

218. HAGEWOOD, B. H. 22, Loula J. 19, Ardella
     7/12 (b. Oct)
219. HAGEWOOD, Susan 55 (widow) (rheumatism)
     (crippled) (T NC NC), James W. 21 (son
     in law), Mary D. 16 (T NC T)
220. HAGEWOOD, Wm. 21 (T NC T), Lydia 18, Wm.
     Thos. 8/12 (b. Sep)
221. HAGEWOOD, Wm. N. 35 (T NC T), Susannah 28,
     Susannah 6, Martha E. 4, James J. 1
222. PATERSON, Sanford 42 (T NC NC), Sarah A. 38,
     Nancy A. 16, Wm. T. 12, Martha 9,
     Wilson 7, Elijah W. 5, Eliza 4, Docia
     1
223. COLLINS, Dock (Mu) 41 (T NC VA), Angeline
     33, Henry 13, Lucy A. 11, Nancy 9,
     Phillip M. 8, Joshua S. 6, Lena 3,
     Ulyses 1; BARTON, Kitte (B) 45
     (mother in law) (T T MS)

CHEATHAM COUNTY

Hh#   Page 27 (cont'd)

224. BARTON, Boliver (Mu) 33 (shoe maker) (T T MS), Nora 27, Indianna 8, Angeline 5, Lemuel D. 3, Volley 1
225. COLLINS, Robt. 20 (Mu), Roena 17, Wiley B. 4/12 (b. Jan)
226. COLLINS, Elisabeth 79 (widow) (KY KY KY)
227. COLLINS, Joshua (B) 31 (T KY T), Millie (Mu) 24 (T KY VA), Jefferson 5, Thos. L. 3, Minnie 1, Mary (B) 66 (mother) (widow) (NC NC NC), Hannah 38 (Mu) (sis) (single) (T KY NC), JONES, Peter 19 (bro in law) (T VA T)
228. HAGEWOOD, J. B. 42 (T NC T), America 23 (wife), Thos. 18 (son), Ama 13 (dau), Jessee 11, Nicholas 7, Anthony 5, Angie 3, A. Jessamine 2/12 (b. Apr), WALTON, John 30 (hireling), COLLINS, Sydney (B) 27 (hireling), GROVES, Henry (W) 24 (relationship omitted), Malinda 20 (wife)
229. HAGEWOOD, W. N. 36 (T NC T), Elisabeth 29, Robt. S. 9, Mary R. 8, Florence C. 7, H. J. 6, Beula H. 5, Green J. 3, Enoch E. 1 (H. J. was dau)

Page 1, Dist. 10

1. STEWART, Henry 34 (millwright), Bettie 25 (wife), Mary J. 6, Joseph 2
2. RUSSELL, William 21, Luella 14
3. CHAUDOIN, Eliza 62 (widow), JENKINS, Jane 36 (widow) (dau), Asa 11 (son)
4. PACK, Montgomery 36 (T T NC) Ann 35 (T NC VA), Susan 16, Lucian 9
5. PACK, Lenore 34 (husband) (T T NC), Mary 23 (wife), Kittie 3/12 (b. Mar)
6. PACK, William 31 (T T NC), Sam Ella 22 (wife), Jo Anna 5, William G. 1, PASCHAL, Benja. 15 (no kin) (works in farm), PACK, Mary 22 (sis) (T T NC)
7. PACK, Benjamin 28 (T T NC), Martha 25
8. ALLISON, George 30, Elizabeth 31, Robert? 6, John A. 4, Byrd 3, George 1/12 (b. May)
9. HALE, Jackson 34, Margaret 29, Tilman 9, Carroll 7, Frank 4, Paul 8/12 (b. Sep)
10. HARPER, William 28 (T NC T), Lucy 24, Madison 7, Rhoda 6, William 4, John 3, Clara 1
11. CLARK, John 29, Lucy 25, Maud 2
12. DOBBS, George 27, Amanda 26, James 7, CHAUDOIN, Mary 23 (not kin) (works in home)

Page 2, Dist. 10

13. PACK, Fletcher 50 (T NC SC), Cathrine 50, Elizabeth 89 (mother) (widow) (SC NC NC), SMITH, Rayford 20 (nephew), Susan 17 (niece), Floyd 13, Frank 10, CRUMPLER, Louana 65 (T NC NC) (sis), Rayford 36 (son), Lenore 29 (son) (RR hand), John 26 (RR hand) (son)
14. CRUMPLER, Mary 45 (widow), Alfred 23, Mary 22, William 19, Franklin 14
15. HARRIS, Parks 33 (T NC NC), Dona A. 25 (wife) Catharine 46 (sis) (T NC NC)
16. HARRIS, George (B) 28, Cherry 23 (wife), Mollie 3, William 3, BROWN, Ella 19 (sis), LARKINS, John 31 (no kin) (ditcher)
17. SPRIGHT, William 52? (T NC NC), Lydia 49, Mary 9, HARRIS, Thomas 27 (nephew)
18. SPRIGHT, Albert 26, Nancy 22, William 3, Margaret 1
19. CORLUE, Benjamin 33, Mary 20, Walter 8/12, PETTY, William 23 (no kin) (works on farm)
20. STRINGFELLOW, Henry (B) 45, Theny 34 (wife), Lany 15 (dau), Jacob 13, Christopher 10, Cambridge 8, Florence 6
21. PACK, Lenore 53 (T NC SC), Margaret 37 (wife), James 19, Ella 1, HALL, William 17 (no kin) (works on farm)

Hh#   Page 2 (cont'd)

22. SEARS, Thomas 35 (bro) (T NC T), Martha 42 (sis) (spinal affection) (T NC T), Elvira 37 (sis) (T NC T), SMITH, Thomas (no kin) (physician) 25

Page 3, Dist. 10

23. STRINGFELLOW, Albert 43 (B), Louisa 28, Lona 5 (dau), George 2, Sally 10/12 (b. Jul)
24. SEARS, William 40 (T NC T), Jennette 33, Green 8, Thomas 5, CORLUE, William 27 (no kin) (works on farm)
25. GILLILAND, William 26 (AL GA NC), Jane 21, William 5, Elizabeth 4, James 1, LAPOY, James 8 (orphan) (T Can AL)
26. CURFMAN, Felix 54 (T VA T), Martha 52 (T T SC), James 21, Lovey 18, Elenora 16, William 13, STEWART, John 12 (no kin) (works on farm)
27. APPLETON, David 27, Ella 26, Adda 5, Kittie 3
28. MAJORS, James 30 (blacksmith) (AL T T), Sarah 28, Mary 9 (KY T T), John E. 7 (KY T T)
29. HAM, Jesse 39, Mary E. 27 (wife), Albert 6, Mattie 4, James 8/12 (b. Nov)
30. HAM, James 62 (T VA VA), Mary 64, HIGHTOWER, Amanda 40 (sis) (widow), HAM, James 16 (nephew), MANGRAM, Jesse? 12 (g son)
31. JOHNSON, Edmond 23, Nancy 28 (T VA T)
32. BELL, John 35 (Mu)(widower), John jr 10 (son)
33. BELL, Alexander 38, Kittie 38, Anna P. 13, Evaline 11, Elizabeth 9, Carrie 6, Tennie 3, Florra 1

Page 4, Dist. 10

34. BELL, John 32, Martha 23, (wife), Fannie 3, Maud 1
35. HOWELL, John 44 (NC NC NC), Elizabeth 43, Rayford 19, Mary 17, Rebecca 15, Thomas 11, Lela 9, Nettie 9, Fannie 7
36. KING, John 51 (lawyer), Martha 50 (AL AL AL), Josiphine 27 (dau), Erastus 25, Ransom 23, Mary 20, Nancy 17, Elijah 15, Eva Ann 13
37. BELL, Frederick (B) 36 (T VA VA), Adaline 30 (KY KY KY), CHARTER, Emma 10 (niece), Caroline 6
38. BELL, Evaline 73 (widow) (mother) (T MD T), Patterson 44 (husband) (miller) (T MD T), Melinda 28 (wife)
39. CEARLY, Sion 37 (NC NC NC), Rebecca 42 (wife) T MD T), Evy 9, Carrie 5, BROWN, James 20 (stepson), Samuel 18 (stepson), DOZIER, Tissie (B) 20 (mother) (does housework), Walter 1 (Mu) (son)
40. DOUGLASS, Richard 46 (widower) (T NC T), Lucky 18 (son)
41. WILLIAMS, Alfred (B) 46, Parilee 20 (Mu) (wife), George (B) 15 (son), Laura 12 (dau), John 6 (son), Lucky 3 (Mu) (son)

Page 5, Dist. 10

42. WALKER, John (Mu) 60, Eliza 60, PORCH, Mary 25 (no kin) (works in house), Cotter 2 (son), Chales (B) 5 (son), Fannie 1/12 (b. Apr) (note: Mary, Cotter & Fannie Porch are listed as Mu)
43. WILSON, William 75 (Mu), Polly 60 (wife), BELL, James 17 (g son)
44. BELL, Montgomery (T MD T), Mary 39 (wife), William 8, George 2, TURNER, Hubert 17 (stepson), EWING, Nellie (B) 13 (servant), DOZIER, Susan 45 (servant)
45. ANDREWS, Benja. 41, Mary A. 38 (T VA T), Ethella 12, Robert 10, Peter 6, Alonzo 3, DAILY, Virginia 26 (sis)
46. LEONARD, Tempy 83 (widow) (NC NC NC), CLAY, Sally 59 (dau) (widow) (T T NC), EDWARDS, Lucy 32 (g dau), Sarah 11 (dau), James 4 (son)
47. EDWARDS, John 26, Elizabeth 27, William 6, Rutha 4, Haywood 2, Ella H. 1/12 (b. May)

CHEATHAM COUNTY

Hh# Page 5 (cont'd)

48. ANDREW, Peterson 69 (T NC NC), Evaline 44 (wife), Richard 21; JONES, Jami A. 7 (step son)
49. DOUGHERTY, Tobitha 36 (widow), Mary 5, Sam Ella 3; SUTTON, John 40 (no kin) (widower) (farmer)
50. BAKER, James 61 (T SC T), Mariah 52 (wife), Prentice 18, Mary 24, Louisa 20, Robert 15

Page 6, Dist. 10

51. BAKER, William 35, Jennie 26 (wife), Willie 1
52. BARNELL, Ella 36 (widow), Lewis 17, Willie Ann 14, Charles 12
53. SMITH, John 21, Jennie 19, Della 3/12 (b. Feb)
54. OSBORNE, Thomas 49 (T VA T), Eveline 41 (KY VA VA), John 18 (T KY KY), Mary B. 17, Sarah A. 14, Cyrus M. 5
55. FINCH, John 55 (NY NY NY), Nancy A. 47 (NY NY NY), Estella H. 19 (NY), John H. 16 (NY), Viola M. 13 (NY), Ophelia 10, Albert A. 7, Norman 4
56. FINCH, George 21 (NY NY NY), Eury 21 (wife), Maggie 1
57. HAM, Jesse W. 27, Elizabeth 26 (NY NY NY), Lilly 5
58. BELL, William (B) 54, Millie 52, John W. 27, Alfred 24, John A. 16; FINLEY, Virgil 7 (gr son)
59. DOZIER, Matilda (B) 34 (widow), Millie 16
60. DOZIER, Albert 38, Elizabeth 21, Sarah 6
61. EDWARDS, Burrell 30 (T T VA), Alice 25 (IL T SC), Charles 10, Lula 6, Foster 3, Annie 6/12 (b. Nov); BAUZELL, Harriet 64 (mother)? (widow)
62. DEAL, William 38, Louisa 23 (wife), Eliza 6, James 5, Louisa 3, Hattie 1

Page 7, Dist. 10

63. DILLINGHAM, George 24, Susan 19; BURCHETT, Lizzie 10 (orphan) (servant)
64. MASSAGIE?, Blaylock 51 (NC NC NC), Nancy 53 (T GA VA), Josiphine 20, Johnson 15, Tilman 13, Nancy 11
65. MANGRUM, Westley 36, Sarah 20 (wife), Josiphine 1; HAM, Mehalia 45 (mother) (widow)
66. ADKISSON, Thos. 42 (T VA VA), Tennie 35, Nannie 12, Samuel 9, Carrie 7, Fannie 4, Thomas 2
67. DILLINGHAM, William 27, Nannie 22, Cornelius 5, Mary 2, _____ 2/12 (b. Mar) (son); TAYLOR, Delida 16 (no relation) (servant)
68. DILLINGHAM, Joseph 26, Hester 20, Talefer 1 (dau)
69. ELLISON, Philip (B) 28, Elvara 45 (wife), Doctor P. 14, Green 12, Joseph 8, John 5, Melinda 2
70. CLARK, Abram 55 (B), Rosa 50?, Richard 14, Preston 8, Kittie 6; MARTIN, Laura (Mu) 25 (step dau)
71. MURPHY, Pun? (B) 47 (KY VA VA), Eliza Ann 45, James H. 13, Earnest 9, Eliza J. 7, Issabella 4, Drucilla 2

Page 8, Dist. 10

72. SHELTON, John 26 (Alopathic M.D.), Ella 20, PACK, Bettie (B) 56 (servant) (KY T T)
73. FULGHUM, James 58 (merchant) (T NC VA), Mary Ann 36 (wife) (T NC T), James T. 14, Theophelus 12, Sallie 8, Nannie G. 7, Willie P. 4, John A. 1; USSERY, John 39 (bro in law); ORVERTON, Susan (B) 15 (servant)
74. SMITH, Elizabith 46 (widow), James 18, Charles 16, Edmonds 13
75. SCOTT, Susan 64 (widow) (T VA VA), Henry R. 19 (son); THOMAS, Hampton 66 (brother) (T VA VA); ADKISSON, Sam 27 (boarder) (T VA VA); IVEY, Nancy 22 (hireling)

Hh# Page 8 (cont'd)

76. SCOTT, Robert 38, Martha 31, Harberd 9, Emma 7, Bettie 6, Susan 4, Willie E. 11/12 (b. Jul)
77. SCOTT, Joseph 31, Nancy 32, Martha 2, Joseph 1
78. HANNER, Benjn. 37, Annie 29, Susana 10, Benja. 7, William 5, Charles 2, Bettie 7/12 (b. Oct); ADKISSON, Robt. (B) 80 (servant) (widower) (VA VA VA)
79. HOOPER, William 40, Elizabeth 38, Jessee 19, Sarah 18, Dora 13, Thomas 10, Henry 6, Elizabeth 3, Nancy 1

Page 9, Dist. 10

80. ADKINSON, Jackson (B) 60 (VA VA VA), Bettie 40 (wife), Robert 10, Nettie 6
81. ADKINSON, George (B) 23 (T VA VA), Delila (Mu) 16 (wife), George 6/12 (b. Oct), Jack (B) 19 (brother)
82. OSBORNE, John B. 48 (T VA T), Nancy 29, Thompson 9, Mark T. 4, John G. 2, Frank C. 1/12 (b. May)
83. CARROLL, Elizabith 72 (widow) (NY NY NY) (mother); HAM, William 33 (husband), Ruth 29 (wife) (boarding)(PA NY NY), Carrie 7, Ida A. 2; MOSS, Thomas 13 (nephew)
84. WALKER, Andrew 46, Mary A. 24 (wife), Nannie 7; WINHAM, Harry 13 (bro in law), Vandelia 10 (sis in law)
85. GRIFFIN, Eli F. 45 (T NC T), Rebecca A. 48 (NC NC T), Sarah H. 9; SULLIVAN, John 29? (husband), Mollie 16 (wife) (T T NC), Emma 1 (AR)
86. REED, Joel 65, Elizabeth 57; PURTLE, Eliza 34 (dau) (widow), Robert 12 (gr son)
87. JOHNSON, John 52 (T VA VA), Elizabith 49, Ellen 22, Ada 19, Hardy 11, Nancy Jane 9, John 7, Orverton 49 (brother), Thomas 47 (brother) (_____ _____)
88. CURFMAN, Elizabeth 54 (widow), John P. 18 (T VA T), Jacob 15 (T VA T)

Page 10, Dist. 10

89. PACK, Ewing 26, Mary E. 20 (T VA T), Lula 2, John E. 4/12 (b. Jan)
90. LUTTRELL, William 35 (stone mason) (T NC T), Ann 27, Ermest E. 8
91. REED, Joel R. 31, Sarah 31 (T SC NC)
92. WILLIAMS, William 33 (T NC T), Attalanta 31, Clarence 10, Herbert 8, Florry 6, Edward 3, not named 1 (son)
93. PACK, Vanburen 24, Brazora 20, Willard 2; GRARLAND, Mahalia 14 (sis in law)
94. BLANKENSHIP, Watson 25 (T VA VA), Susan 21; MORRIS, Fannie 27 (widow), Egbert 1 (son)
95. OSBORNE, James 34 (VA VA VA), Sarah 21, William 5, Elizabith 4, Robert 3, Hardy 1; GIBBS, Caroll 18 (no relation)
96. LONG, William 62 (T NC NC), Eveline 63 (T T VA), Stephen 27 (IL), Edward 22 (T); SATTERFIELD, Ellen 27 (servant) (widow)
97. UNDERHILL, James 23 (works at saw mill) (MI Eng NY), Susan 23, Willie 7 (dau) (T), Mary 3 (MI), Susan 1 (MI)
98. MILES, Ephraim 46, Mary 48 (T GA T), Edward 19, Ephraim 18, Seward 16, Charles 14, Mary 12, Frances 10, Caroline 75 (mother) (widow) (rheumatism) (T GA SC)

Page 11, Dist. 13

99. PARDEE, Thomas 36 (T NC T), Jane 31, Lucas 10, Issabel 7, James 5; ALEXANDER, Monroe (B) 22 (servant)
100. SANDERS, William 34 (T T VA), Elizabeth 30, Brunettie 15, William 13, Thomas 5, Rusha 2, Mary 2/12 (b. Apr)
101. PARKERSON, Frank 24 (Mu) (works at saw mill) (T T VA), Spacia (B) 26 (wife), Willie 5, Early 3, Lula 1; SHEARON, Mina 17 (sis)

23

CHEATHAM COUNTY

Hh#	Page 11 (cont'd)
102.	PARR, John T. 54, Mahalia 42, Bettie G. 13, William 9; BOYD, Martha L. 4 (niece)
103.	BOYD, John T. 20, Martha A. 17
104.	MILES, Benjamin 44, Amanda 40, William 21, Susan 16, Robert 15, Elizabeth 13, Issadore 10, Catharine 9, Mary 7, Eliza 5, Joseph 1
105.	BRASWELL, John 24 (works at saw mill), Clarissa 56 (mother) (widow); COX, David 44 (boarder) (teamster) (OH OH OH); DAUB, George 40 (boarder) (widower) (lumber inspector) (PA VA MD)
106.	SHELTON, Paralee (B) 44 (mother), George Ann 15, Ginette 10, Polly Ann 8, Benja. 6, William 2, Sally 4, Susie 23 (dau); BIGLOW, Tom (W) 40 (boarder) (teamster) (OH NY NY); HART, Frank 25 (boarder) (teamster) (OH OH OH); STEWART, Thos. 24 (boarder) (teamster); BRINKLEY, James 24 (boarder) (teamster); RUSSELL, Thomas 27 (boarder) (watchman)

Page 12, Dist. 13

107.	WILLIAM, James 32, Patty 28, George W. 4, Samuel 3, Susan 6/12 (b. Dec); HOOPER, Susan 65 (mother), William 31 (son)
108.	FOWLER, Thomas (B) 50 (SC SC SC), Latty 51 (wife) (SC SC SC)
109.	MILES, Ariadnie 27 (widow), Samuel 14 (son), George Ann 9, Henry 7, Joseph 5
110.	KRANTZ, Alexander 36 (T T VA), Hardy 34, Martha 13, Alexander 8, Wash. 7, Tommie 5 (dau), John 2/12 (b. Apr)
111.	MORRIS, Joseph 39, Martha 28, Marry 9, Marina 4, Luther 3, George 1; GIBBS, Benjamin 15 (half bro), Julia 13 (half sis), Robert 21 (half bro) (works at saw mill)
112.	PUCKETT, Henry 24, Amanda 22, Agnes R. 1
113.	WILLIAMS, Lewis (Mu) 56 (T NC NC), Mary (B) 40 (wife), James 20, Indiana 19
114.	PUCKETT, Mary 50 (widow) (T VA VA), Burrell 31, Medora 25, Ida 18
115.	OLIVER, William 47 (deaf & dumb) (AL NC AL), Bettie 35 (deaf & dumb), Henry 7
116.	PAGE, Susan 40 (widow) (T VA T), Samuel 19, Sarah 12, Jessie 9, Franklin 8, Moody 5, Robert 3, Rufus 9/12 (b. Sep)

Page 13, Dist. 13

117.	GREEN, Gardner 68 (VA MA VA), Gemima 66 (T T KY)
118.	RAGAN, Willis 69 (SC SC SC), Mary 43 (wife) (T SC SC), Angeline 22 (AL SC SC), Willis 18 (AL SC SC), Martha 16 (AL SC SC), Benjamin 8 (T SC SC), Ella Jane 5 (T SC SC), Jahanna 2 (T SC SC)
119.	RAGAN, Clark 25 (AL SC SC), Luticia 26, John E. 5, William 2; DOZIER, Thomas 25 (boarder)
120.	POWERS, Noah 55, Nancy 48 (T AL T), Eudora 21, Martha J. 19, Samuel 18, Willie 14, Ettie 11
121.	SMITH, Amanda (Mu) 39 (widow) (VA VA VA), Sherman (B) 11, Walter 9, Ethelbert 5, John 5/12 (b. Nov)
122.	MEADOR, Allen 39 (mill hand) (T NC T), Louvinia 42, Ida J. 14, Lucinda 12, Margaret 9 (IL), Mary 6 (IL), Frances 3 (T), James 1
123.	MORRIS, Elizabeth 49 (widow), Tabitha 13, Joseph 10, Jefferson 19, Harvey A. 18
124.	BRASWELL, William 35 (works at saw mill), Maggie 35 (WI Ire Ire), Alonzo 9 (MI T WI), William 7 (MI T WI), Leroy 5 (MI), Mary Ann 3 (MI), Lidia M. 12/30 (b. May) (T); PAGE, William 27 (teamster), Margaret 25 (KY KY KY); COLLIER, Nancy (B) 24 (servant)

Hh#	Page 14, Dist. 13
125.	BRUMMETT, James 45, Elmina 45, Tilman 22 (works at sawmill), John 20 (works at sawmill), Robert 16, Marina 13, Samuel 10, Fletcher 9, Matilda 6; RAPE, Mansfield (B) 14 (works on farm)
126.	PERRY, George 25 (works at sawmill), Debocha 25 (T SC VA), Mary E. 6, Henry 5, Tennie 3, Rosetta 4/12 (b. Feb)
127.	MORRIS, Wilson 24, Martha 18, Rose E. 3/12 (b. Apr), Simeon 28 (boarder)
128.	DOZIER, Thomas 32, Anna E. 34, David 7, Mary 5, Albert 3; ROBBINS, William 26 (boarder) (works at sawmill) (KY NC KY)
129.	SLOAN, Arthur 20 (hotelkeeper) (T T PA); BUCHANAN, James 28 (teamster) (IL IL T); MENTZER, William 44 (engineer) (PA PA PA); BROWN, James 29 (machinist) (MI NY NY); DRIVER, Edward 19 (watchman) (IN OH OH); KINMONT, Bruce 22 (works at mill) (OH OH OH); PEERY, Gilbert 21 (millhand) (OH OH Eng); FORREST, Harrison (Mu) 27 (millhand); MORTON, George 30 (W) (engineer) (WI Canada Eng); WARREN, Albert 22 (works at sawmill) (OH NY KY); POLK, Elliott 27 (works at sawmill) (OH OH OH); SCHOOLEY, Stephen 29 (works at sawmill) (OH OH OH); HEAVERLAND, Thos. 36 (lawyer) (OH OH OH); CARTER, Lewis 29 (works at sawmill) (OH OH OH); THOMPSON, Wash 23 (works in sawmill) (OH OH OH); MARSH, George 24 (works in sawmill) (OH Eng Ire); TURNER, Willie (B) 23 (works in sawmill); ENGLAND, Andrew 22 (works at mill); ALLSBROOK, Westley 30 (works at mill) (AL T AL); SHAW, Eliza (B) 28 (servant) (cook) (T VA VA); LEE, William (B) 19 (waiter in hotel)
130.	DOZIER, George 36 (T NC T), Tennie 31, Jerome 3/12 (b. Mar)
131.	LEE, William B. 62 (widower), Victoria 35, Emmaline 30, William F. 23
132.	SIMPKINS, Jonathan 54 (T NC NC), Adaline 46; DUKE, Robert 20 (husband), Judie 16 (wife), Noble 11/12 (b. Jul) (son)
133.	GLEEVES, Charles (B) 22, Ann (Mu) 19, Florry (B) 1 (dau)
134.	OAKLEY, Bryant (B) 57, Cinthia 42 (wife), Nathan 18, Amanda 23, Freemon 13, Ellen 8, Henry 8, James 7
135.	SMITH, William 29, Renia 25, John S. 7, James E. 5, Anna 3, Elizabeth 11/12 (b. Jul)
136.	HOOPER, Parry 32 (widow), Alice 17, Peyton 14, Etta 9, Ludie 7; SPEIGHT, Sally (B) 13 (servant); GLASSGOW, John (B) 22 (boarder)
137.	YATES, Emily 56 (widow), John 24 (T NC T), Laura 18 (T NC T); ROBERTSON, William (B) 16 (servant)
138.	JOHNSON, William 65 (widower) (T SC SC); WHITE, Nancy 35 (dau); JOHNSON, Susan 26, William 24, Dixie 25
139.	HARRIS, Nathan 35, Elmina 29, Nancy 3, Virginia 1

Page 16, Dist. 13

140.	CULLUM, Elisha 34 (T NC T), Elizabeth 31, Louisa 9, Egbert 5, Egar 2, Robert 4/12 (b. Mar)
141.	WORK, Joseph 24, Josephine 17 (wife), Walter 2/12 (b. Apr); McCLEJLAND, Robert 19 (bro)
142.	GREER, Orville 31, Sarah 30, Andrew 7, Louida 6, Benjamin 5, Lucy 1, Sarah 2/12 (b. May)
143.	GRAY, Washington 57 (KY SC SC), Jane 51 (T SC SC), William 23, Mary 25, Washington 21, Medora 18, Lindora 17, James 18
144.	GAREY, Nathan 79 (SC SC SC), Martha 63 (wife) (T NC NC), Oscer 10 (T T AR)
145.	ROBERTSON, Zany (B) 58 (widow) (T T MD), Caroline 23 (T KY T)

CHEATHAM COUNTY

Hh# Page 16 (cont'd)

146. BROWN, Mrs. Catharine 68 (widow)
147. COLLIER, John F. 59,(physician) (T VA NC), Susan 42 (wife) (T NC T), John 21, Morris 18, Henry 16, William 13, Anna 11, Rachel 8, Robert 4, Laura 2
148. WILLIAMS, Benjamin 44 (merchant) (T NC T), Caroline 39 (T Ire T), Ella 21, William 20, Nancy 17, Evaline 14, Lauren 12, Charles 10, Gustavus 8, Ira 5, Maggie 3, Mary 1

Page 17, Dist. 13

149. ROBERTSON, Andrew (B) 40, Tennessee 37, John 13, Ellis 9, Andrew 7, Arthur 3, Ada 1
150. HARRIS, Edwin (B) 22, Alice Ann 19, Robert P. 1
151. READ, Clayton 32 (T __ T), Serena 36, John E. 12, William E. 11, James 9, Burgess 7, Eliza Jane 6, Jessee 4, Serena E. 2, Masha 11/12 (b. June) (son)
152. WHITE, Jackson 82 (T DE SC), Lizzie 74 (T VA VA), Montgomery 37 (works at sawmill) (T KY T), Squire 30 (T KY T)
153. PETWAY, John 71 (T VA VA), Caladonia 68 (T Scot T), Thomas 35, Alexander 23 (g son) (T T NC), Lillie 19 (g dau) (T T NC)
154. ALBERT, Almira 32 (T IN IN), James 18 (husband) (T T IN), Josephine 19 (wife), Rebecca 13 (dau), William 11 (son), Sarah 7 (dau), Willis 5 (son), Medley 2 (son)
155. McLAUGHLIN, Galvani 46 (T PA T), Mary 38 (T T VA), Isadore 17 (dau), William 14, Craig 13, John 12, Anna 9, Charles 7

Page 18, Dist. 13

156. PACK, Thomas 43 (blacksmith) (T SC T), Nancy 43, Sylvester 21, Frederick 19, Alice 17, Minta 15, Geneva 12, Thomas 9, Walter 7, Ella 5
157. CARTER, Francis 47, Nancy 57 (wife), Bellfield 26
158. HARRIS, Warren (B) 58, Dinah (Mu) 47, John 28, Sarah 25, Sandy 19 (son), Margarett 12, Willie 9, Shirly 8 (son), Magaline (B) 5, Henry 2
159. MONTGOMERY, John (B) 24 (works at sawmill), Georgie 18 (wife)
160. HAMILTON, Robert 45 (works in saw mill) (IA IA IA), Mattie 28 (wife), Willie 14, Thomas 12, Sheridan 10, Casper 6, Bettie 2, Nannie 5/12 (b. Sep)
161. SMITH, Cliborne 79 (VA VA VA), Martha 67 T NC T, Edmond (Mu) 17 (no relation)
162. JUSTICE, Mrs. Ann 47 (widow) (T NC T), Minnie 18, Effie 16, Joseph 14, Jessica? 11
163. HILAND, Alfred 38 (T NC T), Indiana 32 (T SC T), Perkins 11
164. STEWART, Mrs. Ann 61 (widow) (T NC NC), Thomas 30, Wilson 28, (blacksmith), Ophelia 19 (Wilson's wife), Lizzie (B) 18 (servant)

Page 19, Dist 13

165. HILAND, George 33 (T NC T), Fredonia 24, Willie 4, Edgar 3, Henry 2, Lorina 5/12 (b. Jan)
166. HILAND, Martha 66 (widow), Mattie 11 (g dau) Lula 10 (g dau)
167. CROCKETT, John (B) 53 (abscess) (crippled) (KY KY KY), Henrietta (Mu) 51 (KY KY KY), Andrew 29, Pelina 17, Thomas (B) 14, Lela 12
168. HUNT, Charles (B) 54 (T SC VA), Charity 44 (T GA GA), TURNER, Willie 22 (step son) (works at sawmill) (T T GA), Jackson (Mu) 18 (stepson)

Hh# Page 19 (cont'd)

169. HOOPER, James 27 (T GA T), Anna 25 (T MS T), Hettie 6, Maud 4, RUSSELL, Anna 78 (aunt)
170. ROSE, John 54 (mill hand) (widower), John 16, Ale 14 (son), Augustas 12, Franklin 7, FRY, Susana 40 (widow), Martha 17, Oliver 15, Allen 13, Wiley 11, Jane 9, Julia 7, John 5, KINDLE, John 48 (mill hand), Polly 38 (wife), Susana 16, David 12, Pleasant 7, HARPER, Thomas 28 (millhand), Sarah 33 (wife), Joseph 8, Nancy 5, John 3, Mary Ann 1, ROSE, David 44 (bro) (mill hand), Nancy 74 (Mother)

Page 20, Dist. 13

171. HARRIS, James (Mu) 24, Mollie 22, Sarah 5, James (B) 3, Hettie (Mu) 1, Tennessee 2/12 (b. Apr)
172. STRINGFELLOW, Hiram 73 (merchant) (T NC NC)
173. BLANE, Rebecca 73 (widow) (NC NC NC), Alice 21 (g dau)
174. STROUD, Alfred 58 (T VA NC), Glendower 22 (son), Bettie 32 (wife), Anson 19 (son), Eudoda 16 (dau), Florence 14 (dau), Alfred 8 (son), Margaret 75 (mother) (NC NC NC)
175. JONES, Benjamin 37, Caroline 37, Elijah W. 10, Erastus 8, Maggie 5, Benjamin 2, Nancy 6/12 (b. Nov)
176. RUSSELL, Thomas 61 (mechanic), Martha 34 (wife), Thomas 13, Ellen 12, John 10, Charles 4, Emma 2
177. BROWN, Joseph 27 (merchant), (T MD KY), Alice 21 (GA NY T), COOPER, Charles 16 (bro in law) (clk in store) (T NY T)
178. RUSSELL, William 32, Martha 28 (AL AL AL), Anna 6, Julia 3, Delilah 2/12 (b. Apr)
179. CROUCH, Shelton 27 (T MS T), Mary 28, Andrew 5, Eldora 3, Ozius 10/12 (b. Aug)
180. KNIGHT, Silas 54 (NY NY NY), Anna 41, Harriet 17, William 12, George 1; ALLEN, George 21 (no relation)

Page 21, Dist. 9

181. BROWN, William 32, Nannie 30 (T VA T), Thomas 8, Jesse 7, Robert 5, Anna 2
182. ALLEN, Lucata 47 (widow), James 18 (merchant); JORDAN, Samuel 45 (boarder--physician) (T VA NC); CROUCH, Newman 19 (nephew) (T VA T); McCARROLL, Thomas 19 (no relation) (T VA T)
183. LOVELL, John 33, Laura 24, Lillie 3, Eugene 11/12 (b. Jun)
184. JORDAN, Sandy (B) 59, Lizzie 32 (wife), Rewben 13 (g son), William 7 (g son), Elizabeth 4 (g dau), Patrick 4 (g son); HIGHTOWER, Richard 35 (no relation)
185. CROUCH, William 40 (T VA T), Lucata 36, Elmina 17, Minerva 16, Thomas 14, William 12, Louetta 10, Robert 9, Samuel 3, Lena 1
186. JORDAN, Drewy 44, Virginia 34, Samuel 16, Thomas 14, William 11, Nancy 7, Jesse 5, Charles 3, Newsom 1
187. CROCK, Thomas 37 (T VA T), Amanda 30? (wife)
189. HOOPER, Claiborne 35, Mary 32 (T NC T), Elisha 14, Richard 10, Ewing 3, Thomas 4/12 (b. Feb)
190. HOOPER, John 42 (blacksmith), Araminta 40, Joseph 16, John 12, Miraim 6, Daisy 2

Page 22, Dist. 9

191. HOOPER, John 92 (GA SC SC), Sally 62 (wife) (T NC NC), Thomas 21, Emery 17, Alice 18, Franklin 29 (RR hand)
192. CULLUM, Harrison 36 (T NC T), Nancy 27, Jesse 11, Medicus 9, William 7, Edward 2, Ellahugh 4/12 (b. Jan) (son)
193. RIGGAN, James 54 (T NC NC), Sarah 42 (wife) (T GA T), Gustavus 15, Lue Ella 12, Lula 10, James 8

CHEATHAM COUNTY

Hh# Page 22 (cont'd)

194. DOZIER, Henry 33, Susan 24, Henretta 6, Samuel 4, Sally 3, John 2/12 (b. Apr); CHASE, Green (B) 17 (servant)
195. DOZIER, Grandy 66 (T NC NC), Sally 64, Grandy 23; WRIGHT, William 29 (no relation) (works on farm) (MS MS MS)
196. WOOLWINE, Samuel 35 (school teacher) (VA VA VA), Sally 33, Samuel 7, Thomas 5, Tennien 1 (dau)
197. ANDERSON, Alfred (B) 59 (T NC T), Angeline (Mu) 55 (T VA VA), Milly (B) 75 (mother) (widow) (VA VA VA)
198. RIGGON, Asa 57 (NC NC NC), Kittie 52, Josephine 16, Lela 13, Minnie 13; CULLUM, Martha 75 (mother) (widow) (T T NC); CHASE, Hannah (B) 47 (servant) (widow)

Page 23, Dist. 9

199. WIATT, William 49 (tanner), Martha 36
200. HAMILTON, Carrol (B) 30 (work in tan yard), Adaline 22, Mary 3, Joseph 8/12 (b. Nov)
201. NICHOL, Lidia 63 (widow) (KY Ire VA); McCLURE, Sarah 63 (sister) (single) (KY Ire VA); WILLIAMS, Mary 25 (boarder) (school teacher); BROWN, James 48 (no relation) (gardener) (Eng Eng Eng); OWEN, Jane 18 (Mu) (servant)
202. LOVELL, Benjamin 24 (married within yr), Maggie 20 (MO T T)
203. HOOPER, Jesse 67 (T NC T), Nancy 57 (wife) (T NC NC), Felix 22, Mollie 17, Maggie 15
204. LOVELL, Anderson 39, Louisa 39 (T VA T), Jesse 17, Lewis 13, Fannie 13, Alexander 9, Amanda 8, Fanklin 6, Andrew 4, James 2
205. LOVELL, Franklin 27, Ever Ann 24, Mattie 3, Nannie 1, Jincy 64 (mother) (widow) (T GA T); McNEAL, Jesse 19 (no relation) (works on farm)
206. CROUCH, Rebecca 47 (widow), Newsom 18 (son), Emma 15, Addie 9, Maggie 7; MAYO, Charles 18 (no relation) (works on farm)
207. WORK, William 47, Susana 30, John 4, Medora 3, Robert 1
207. DAVIS, Tennessee 45 (widow), George 21, Rutha 15
208. STUMP, Viana 47 (widow), Isa 22 (dau), John 16, Albert 12, Thomas 10, William 8

Page 24, Dist. 9

209. HULME, Pitts 44, Mollie 27 (wife), William 18 (son), James 13, Lucy 10, Elma 1 (son); ROBERTSON, Sol. (B) 24 (servant)
210. COX, Thomas 43 (T VA T), Nancy 45 (T VA KY), Benjamin 15, Amanda 13
211. JORDAN, Jesse 40 (T VA T), Mary 40, Elizabeth 18, Ella 16, Emma 12, Mattie 10, Alice 8, Amanda 6, Benjamin 2
212. STEPHENS, Margaret 52 (widow), Elizabeth 22, William 21, Silas 19, Sally 17, John 15, Ellen 13, Susan 7
213. JORDAN, James 33, Fannie 35, Sallie 13, Robert 11, Josephine 6, Willoughly 4, Susan 2
214. RUSSELL, William 43, Tennie 42, Samuel 1
215. CROUCH, Jackson 23 (T VA T), Elizabeth 26, Harriet 6, Ada 4, Anna 2
216. DAVIS, William 28, Elizabeth 31, Lula 4, Thomas 1; LOVELL, Zora 12 (dau)

Page 25, Dist. 9

217. McNEIL, Murray 33, Amirca 23 (wife), Mollie 3, Emmett 7/12 (b. Oct); HOBBS, William 12 (no relation)
218. HALCOMB, Ambose 54 (GA GA GA), Eliza 37 (wife) (GA SC SC), Lucinda 14 (GA), Missouri 11 (GA), Jeremiah 7 (GA), Ambros 5 (GA), Robert 1 (GA)

Hh# Page 25 (cont'd)

219. PHILIPS, George 44 (NY NY NY), Lucinda 28 (wife) (GA GA GA), Lewis 13, George 11, William 5; PARSONS, Thomas 25 (no kin) (married within yr), Jane 23 (wife) (T KY KY)
220. NEWSOM, Len 33, Judy 28, Sally 9, Samuel 7, Lena 5, Ada 3, William 2, Mary 3/12 (b. Feb)
221. BRIDGES, William 26 (married within yr) (GA GA GA), Tennessee 17 (wife)
222. ALLEN, James 74 (T NC T), Polly 70 (T GA NC), James 23 (gr son), Mollie 18 (gr dau), Mathew 15 (gr son), Martha 14 (gr dau)
223. ALLEN, Carroll 53 (T NC T), Tennessee 51 (T VA T), Anna 24, William 20, Eliza 15, Purdy 10
224. CUMMINS, Levi (B) 65, Frances 45 (wife), GILMORE, Cummins 9 (son), CUMMINS, Lela 3/12 (b. Mar) (dau). Note: looks like all surnames should read Cummins
225. ALLEN, Solomon (B) 28, Viatch 23 (wife), Robert 10

Page 26, Dist. 9

226. SHELTON, Milly (B) 50 (widow), Charity 25, Antony 15, James 13, Roena 5, Marshall 9, BELL, Pawlina 110 (no kin)
227. SCOTT, St. Legger 35 (T VA T), Alva 28 (wife) (T VA T), David 9, Millard 6, Clarence 4, Myrtle 1
228. DOZIER, Absalom 53, Martha 52, Absalom jr. 23, Martha 17, Dennis 14, Arabelle 12, Harriet 8, Jesse S. 6; BARNES, Thomas 21 (no kin) (KY KY KY)
229. PARDUE, James 25, Bettie 21, Carrie 2, Nellie 3/12 (b. Mar)
230. PARDUE, Andrew 27, Mary 27, Willie 8, May 6, Hattie 1
231. DOZIER, Enoch 31, Bettie 23, Hugh 1
232. SHELTON, Antony (B) 27, Polly 24, William 2, DOZIER, Emma 5 (sis)
233. CALVIN, Andrew 28 (IL IN OH), Maggie 28, Samuel 5, James 3
234. HOOPER, Daniel 38 (T IL T), Jemima 34 (T IL T), Charles 12, Starks 8; BROWN, James 23 (bro in law)
235. TEASLEY, Benjamin (B) 35; DAVIS, Johnson 21 (relationship omitted), Indy 20 (wife), Major 9/12 (b. Dec) (son)

Page 27, Dist. 9

236. NAPIER, Jane (B) 40 (widow) (VA VA VA), Lewis (Mu) 20 (son), Alice (B) 17 (dau); TEASLEY, Charter 28 (T T VA), McMURREY, John 24 (no kin) (T T VA), Thomas 4, Lacy 9/12 (b. Sep)
237. READ, Enoch 69 (widower) (NC NC NC); BROWN, John M. 30 (relationship omitted), Harriet 26 (wife) (T NC T), Mary Ann 6, Bettie 4, Samantha 3, Harriet 1, Dora 4/12 (b. Jan), Joseph 24 (bro)
238. ANTHONY, John 32 (physician) (T KY T), Elija 26 (T KY T), Lacy 1
239. HOOPER, Elijah 54 (T GA T), Elizabeth 47 (VA VA VA), Nancy 20, Phebe J. 19, Binam 16, Egbert 14, Stephen 22, Sally 22 (wife), Ella 1 (dau)
240. KNIGHT, David 55 (widower) (NY NY NY), Adaline 9 (dau)
241. LOVELL, Gideon 21, Issabel 21, Henry 2
242. LOVELL, Robert 32, Samuella 21, James 3, Ada 1, no name 4/12 (b. Feb) (son), George 21 (cousin)
243. SHEARON, William 51 (T NC T), Josephine 47 (T VA T), Charles 15, Williams 7, Ella 11
244. LOVELL, Napoleon 67 (widower) (T NC SC), Sally 22 (dau)
245. SHEARON, Josiah 26, Mary 21, Liddia 5, William 1; SHATTEN, Thomas (B) 15 (servant)

CHEATHAM COUNTY

Hh#   Page 28, Dist. 9

246. HOOBERRY, William 29, Nannie 22, Monroe 2; BROWN, Andrew 23 (no kin)
247. PARDUE, Joseph 59 (T NC NC), Mary A. 57 (T NC NC), Melvina 27, Mary A. 25, Indy 22
248. HALE, George 63 (T T NC), Priscilla 55 (KY VA VA); BROWN, William 13 (no kin) (KY KY KY)
249. LOVELL, Mrs. Parthena 60 (widow), Susan 38, Harrison 21, John 14, Josephine 11
250. DOZIER, William 43, Frona 41, William 12, Joseph 10, Clay 9, Racy 5 (son), James 2
251. DEMOSS, Thomas 20, Ida 18, Willis 3/12 (b. Feb) (dau)
252. TYLER, John (B) 23, Jane (Mu) 18, Lucy (B) 8/12 (b. Oct); KNIGHT, Mary 14 (cousin)
253. ELLIOTT, John 39, Elizabeth 34, Jane 12, Georgian 10, James 7, Lilla 7, Jannet 5, John 2
254. ALLEN, Washington 48 (T NC T), Sarah 43, John 25 (book agent), Ervin 20, Mary F. 18, Sarah 15, Andrew 14, Felix 11, Jennettie 9, Ruth 7, George 2

Page 29, Dist. 9

255. CROW, John 50 (GA SC SC), Margaret 48 (NC GA GA), Lucinda 23 (AR GA GA), William 21 (T GA GA), James 18 (T GA GA), Dilly 16 (T GA GA), Joseph 13 (T GA GA), Thomas 8 (T GA GA), Jackson 6 (T GA GA); MORRIS, John 60 (no kin) (T GA GA); DICKERSON, William (B) 15 (servant) (T GA GA)
256. CROW, Lucinda 70 (widow) (SC SC SC), Lourania 47 (GA GA SC), Joseph 17 (g son) (GA GA GA)
257. CROW, Calvin 32 (NC SC SC), Mary (NC NC NC), Lucinda 4 (NC), Sarah 1 (T); FRANK, Thomas 15 (no kin)
258. CROW, Jackson 27 (NC SC SC), Martha 27 (NC NC NC), John 8 (NC), Thomas 6 (NC), Joseph 3 (T)
259. DOZIER, James 27, Margaret 31 (sis); HOOPER, Charles 19 (nephew), Minnie 12 (niece)
260. MUNFORD, Prince (B) 33, Maggie 25, Samuel 10, Edward 8, Ella 7, Lilla 4
261. McCREA, Moses (Mu) 34, Martha 20 (wife), Kitty 4, Frank 2, no name 4/12 (b. Feb) (dau)
262. PIERSON, Sam (B) 28, Martha 24, Ella 8, Bettie 6, Eliza 5
263. SHELTON, Caesar (B) 50, Mariah 49, Clara 25, Thomas 18, Phillis 14, Caesar 10, Jack 8, Josephine 6; NEWSOM, Newbon 24 (no kin)

Page 30, Dist. 9

264. ARMSTEAD, Antony (B) 25 (AL AL AL), Rosey 20, Charles 10/12 (b. Jul)
265. LOVELL, Polk 35, Nancy 37, William 12, Masha 10, Maggie 8, Nancy 6, Napoleon 5, Sally 1
266. HOLLINGSWORTH, Henry (B) 33, Nannie 25, Laura 10, Jackson 8, Felix 7, Parilee 6, William 1, Mariah (Mu) 65 (mother)
267. HALE, Jerry (B) 38, Delilah 34, Harriet 12, James 10, Jackson 7, Willis 6, Matilda 5, Jane 3, Rachel 2
268. MERRIT, Andrew 44 (house carpenter) (T NC NC), Mary 43, James 25, Mary 17 (paralasis), Andrew 15 (convulsion fits), Tennie 12, Fannie 9
269. SANDERS, John 45, Martha 30, Mariah 13, Emma 5, Charles 3, Walter 1
270. SITTON, Ambros 60 (carpenter) (NC NC NC), Elizabeth 56 (NC NC NC), Tennie 19, Susie E. 17, Emaline 11

Page 31, Dist. 9

271. HOOPER, William 64, Dilly 40 (wife); LOVELL, Washington 20 (no kin)

Hh#   Page 31 (cont'd)

272. LOVELL, Loch 26, Mary 27, Almira 20 (sis); CAUTHEN, Benjamin 23 (no kin)
273. HALE, Claiborne 70, Nancy 52 (wife), Jesse 39 (son)
274. HALE, Ezekiel 21, Martha 21, Ada 2, Ella 6/12 (b. Dec)
275. CHAUDOIN, Reuben 41, Elizabeth 42, Robert 16, Tennessee 14, Nancy 10, Ella 9, Reuben 6
276. KING, John 32 (T Portugal VA), Mary 29, Newton 8, Edney 3, William 1; ALLEN, Henry 24 (bro), Samuel 21 (bro)
277. VICK, Pack 25, Delilah 30 (wife), Martha 12, Robert 9
278. DAVIS, Johnson (B) 55, Peter 18 (son), Gustavus 16 (son), Westley 14 (son), Turner 12 (son), Mary 10 (billious ___), Georgian 7, Sally 5, Catharine 3
279. HOGUE, Andrew 42 (SC SC SC), Catharine 40, Laura 15, Edward 12, Fannie 8, Maud 7, Eugene 5, Andrew 3, Hubert 3/12 (b. Mar)

Page 32, Dist. 9

280. THOMPSON, Peter 40, Emaline 40, William 14, Laura 10, Emma 8, Sally 6
281. JONES, Samuel 25, Nannie 18, George 8/12 (b. Oct)
282. HARPER, John 51 (T NC NC), Nancy 43, Wilson 24 (T NC T), William 18 (T NC T), Martha 15 (T NC T), Frances 12 (T NC T), Emma 10 (T NC T), Richard 4 (T NC T)
283. JORDAN, Warren 61, Agnes 52, Lucy 26, William 18; ALLISON, Lydia 50 (sis)
284. SHELTON, Jesse 78 (widower) (has no occupation) (VA VA VA)

Page 1, Dist. 11

1. CLARK, Joseph (B) 21, Elizabeth 22 (T T MS), Joseph E. 1
2. PACK, George (B) 33 (T T KY), Sallie 23 (T T VA), Elvira 5, James 2, Gertrude 2/12 (b. Apr)
3. EAKIN, David 24 (OH OH OH), Margaret 32 (wife), Jane 3, Maggie 1, Mary 3/12 (b. Feb)
4. MEADOW, James 28, Ann 28, Lena 5
5. DUNN, Thomas 23, Alice 23, Laura 2, Charles 5/12 (b. Nov)
6. DUNN, Samuel H. 47 (T VA VA), Julia F. 46 (T __ T), Lewis T. 18, Lucy S. 16, Judith 15, Johneta 13, Saml. H. jr. 11, Robert E. 9, James N. 1
7. ADKISSON, Lucy 50 (widow) (VA VA VA), OSBORN, Nancy 19 (servant); USURY, Henry 5 (g son)
8. ADKISSON, Philip (B) 56 (VA VA VA), Julia 31 (wife) (T T VA), Horace 19 (son), Bettie 9, Nellie 7, Daniel 3, Lucy 1
9. HOOPER, John R. 31, Salina 25, Emma 8, Absalom 7, Maggie 4, James 2

Page 2, Dist. 11

10. THOMPSON, George (B) 35, Philis 35, Elbert 14, Carolina 11, George 8, Malinda 2
11. BUTT, Auther 49 (blacksmith & farmer) (T VA T), Susan 47, George 18, William 12
12. DILLINGHAM, Jane 52 (widow) (T KY NC), Joshua 20, Henry 17, Forest 15
13. DILLINGHAM, Wm. sr. 70 (KY KY KY), Elizabeth 63 (T NC SC), William 8 (g son)
14. DUNN, Joseph N. 50 (T VA VA), Ann 47 (T NC KY), Martha 15, Joseph 13
15. OSBORN, Mary B. 74 (widow) (T VA VA), William J. 52 (son) (single) (T VA T); BOWLTON, Mary 15 (servant) (married within yr), George 21 (servant--laborer on farm)
16. HUSTON, Z. D. 35 (T NC T), Martha A. 36 (T VA T), Robert F. 13, William G.? 10, Mary 8, Major E. 5, Florence __
17. OSBORN, William T. 26, Louisa F. 30, Walter M. 2

27

CHEATHAM COUNTY

Hh # Page 2 (cont'd)

18. LEWIS, James D. 35 (T __ __), Lucy C. 32, William H. 11, Robert C. 10, James M. 7, Walter 2; WHITFIELD, Martha 63 (mother in law) (widow), Sarah E. 21 (sis in law)
19. WARD, Ellen E. 54 (widow) (T PA VA), Anna 34 (dau) (widow) (T T DC), Frank 30 (T T DC), Martha 21 (T T DC), James B. 20 (T T DC), Mary C. 18 (T T DC), Vinette M. 1 (dau--sic) (T T DC); MOORE, William (B) 19 (servant)

Page 3, Dist. 11

20. STOKES, Bartlet 90 (widower) (T VA VA), Lucy 38 (dau) (single), Sarah 15 (dau)
21. DRAKE, Burgess (B) 50, Lidia A. 40 (phthisic)
22. KELLUM, Shed (B) 30 (RR hand), Susan 25, William C. 8, Mary J. 4, James R. 1
23. KNUCKLES, Edward (B) 65, Mahaley 55
24. LEWIS, William 89 (Ocean Ger Ger), Isabela J. 37 (wife) (NC T T), Edward 48 (son), Henry 46, Lucinda 44, Joseph 42, John 40, Margret 9
25. WOODS, Elizabeth 53 (widow) (T VA T), James C. 34 (son); ANDERSON, Emily (B) 55 (servant), James 10 (servant) (T __ __)
26. STEPHENS, Vadin 60 (carpenter) (VA VA VA), Frances 48 (T NC NC)
27. BEARD, William 38 (retail merchant) (NC NC NC), Margaret 30, Thomas 3
28. STURDIVANT, Jerome 60 (carriage maker) (T VA SC), Jane 57 (T SC NY), Lorena 13 (dau)
29. COLLINGE, Nelson 46 (machinist) (Eng Eng Eng), Ada 36, John B. 17, Robert C. 14, Lelia 12; NICKLE, Amanda 26 (sis in law)
30. WETMOORE, Jane E. 60 (widow) (KY KY GA); GILBERT?, Mary W. 30 (dau) (widow) (KY VT KY); WETMORE, Jeffrey 10 (gr son) (AR KY KY)
31. ROBERTSON, Mary L. 49 (widow) (KY VA GA), Minnie K. 20 (dau) (AR T KY); WETMOORE, Annie 7 (niece) (AR OH AR)
32. THOMPSON, Allen J. 34, Alice M. 30 (T GA T), Martha 6

Page 4, Dist. 11

33. THOMPSON, Wilson 66 (widower) (T VA __) Virginia 40 (dau), Columbus 28, Robert 16, Wilson jr. 14, John F. 30 (clerk in store)
34. THOMPSON, Wm. N. 38 (carpenter) (T VA T), Caroline 22 (wife), Thomas M. 6, Lewis 4, Effie 3, Ella 8/12 (b. Sep)
35. THOMPSON, James M. 71 (T VA VA), Polly A. 70 (VA VA VA), Houston 25 (son) (RR hand), Samuel K. 23 (married) (laborer & farmer), Lucinda 21 (wife), Lou 5, Wain 3, John 7/12 (b. Oct)
36. THOMPSON, William (B) 65 (wood chopper) (VA VA VA), Anna 23 (wife), Charles 11, Sarah 5, Ella 3
37. YOUNG, Matthew O. 56 (T KY NC), Ann E. 50 (T T VA), Mark T. 27, Almeda 25, Lucy 23, Lawrence 19, Martha 18, Thomas 16, Mary 13, Samuel 11, David 9, Angelo 7
38. SIMS, Harry (B) 32 (single) (R R hand) (KY KY KY), STOKES, Missouri __ (single) (T NC T), James 9, Washington 8
39. HENDRICK, Joseph N. 45 (retail merchant), Sarah A. 37, Joe Ann 17, Irvin 13, Gertrude 9, Eva 4
40. STOKES?, Mary (B) 51 (widow); COX, Mary 32 (dau) (divorced); STOKES, Josephine 12, MALONE, Ada 9 (gr dau), Harriet 4 (gr dau); STOKES, Lena 2 (gr dau)

Page 5, Dist. 11

41. HARDIN, Robert 43 (engineer), Jennie 29 (wife) (AL AL AL), William 14, Charles 11, Jennie 5, Joseph 5, Lottie 3, James 15/30 (b. May); WEAVER, Martha 47 (servant) (widow)

Hh# Page 5 (cont'd)

42. GOOCH, Alexander (B) 37 (T T VA), Lucy 27 (wife) (T VA T), Bettie 8, George 2, William 4/12 (b. Feb)
43. THOMPSON, Joseph 44 (laborer), Rebecca 34 (wife), Benjaman 14, Charles 12, Robert 10, Thomas 8, Sarah 6, Ruby 4
44. HAMBEL, William 53 (OH VA OH), Sarah 50 (IN KY KY), Belle 22 (IN OH KY) (dau)
45. ADAMS, Abram (B) 30 (wood chopper), Elizabeth 30, Norman 1
46. LADD, James 55, Eliza 38 (wife) (T __ __), Matilda 11, Bird 9, Susan 7
47. RIGGAN, Thomas J. 52 (widower) (T NC NC), William 21, Elizabeth 15, HARRIS, Edward 29 (servant)
48. MOORE, Middleton L. 37 (retail merchant), Virginia 36, Mary 14, Minnie 3; FULGHUM, Caroline 50 (mother in law) (T NC VA)
49. DOBSON, George P. 45 (physician) (T VA VA), Martha 37 (IN KY IN), Joseph 18, Hugh 14, Beaulah 13, George 10

Page 6, Dist. 11

50. DEAN, John A. 31, Lou J. 24 (wife)
51. DUNN, Thomas M. 60 (T VA VA), Isabella 50 (wife) (LA __ __); CROWDES, Frank 2 (nephew) (T VA T)
52. ARNOLD, Columbus 43 (telegraph operator) (crippled), Susan 45 (T T __)
53. NEALE, Frank J. 32 (engineer) (T MD Ire), Fanny E. 26 (GA Ire Ire), Nina 9, Henrietta 6, Pauline 3, Rosa 1
54. CHARLTON, Moses 30 (laborer) (T VA T), Margaret 30, Maggie 9, John 3/12 (b. Mar)
55. ROBERTSON, Delila (B) 35 (widow), Mary 15, Willis 12, Andrew 7, Alic 5 (dau), William 3; JACKSON, Susan 20 (sister), John 1
56. AKIN, Anderson B. 52 (T VA VA), Judith A. 38 (wife), John T. 13, Maggie L. 10, Samuel A. 7, Della B. 2
57. VARDEN, George W. 59 (blacksmith) (T NC VA), Mary 58, John 25, Elizabeth 19; GARLAND, Delila 45 (sis in law)
58. DUNN, Samuel K. 37, Lou. K. 38 (T T KY), Henrietta 14, Margaret 8, William 2
59. TALLEY, James M. 41 (retail merchant) (T SC T), Kate T. 33 (wife), William M. 8, ALice M. 7, Bertha 5, Gertrude 4, Charles 1

Page 7, Dist. 11

60. SESLER, Henry 75 (laborer) (VA VA VA), Caldona 26 (wife) (T NC T) (crippled), Walter M. 2 (son); ADCOCK, Dolly 65 (mother in law) (widow) (T NC NC); KEETON, Jefferson 19 (gr son), John 10 (gr son), Earnest 4 (gr son); JACOBS, William 15 (adopted)
61. BECK, David (B) 50 (laborer) (T VA VA), Martha 40, Alice 16, Columbus 10, William 10, Samuel 6, Edward 13; SHOOK, George 19 (boarder) (laborer) (crippled)
62. YEATMAN, William 66 (hotel keeper) (T NC NC), Amelia 58 (T NC NC), Thomas R. 39 (son)
63. WINBOURN, James R. 41 (hotel keeper) (T NC NC), Ella 32 (wife), James 12, Adie 7, Benjaman 1; MATHER, Austus? G. 26 (servant) (Scot Scot Scot); HUDGING, John (B) 19 (servant) (T VA VA); SLATTER, Robert L. 19 (servant)
64. GORDON, George W. (B) 38 (laborer) (T KY T), Martha A. 36, John 15, Lily 14, David 9, Jennei 6, James 4, Nancy 2, Calip T. 3/12 (b. Mar); LARD, Kempy 50 (mother) (widow) (T T AL), Mackey 8 (dau)
65. DUNN, James 35 (wood chopper), Clarisa 30, Anderson 13, Mary 10
66. WILEY, Sylvester M. 24 (laborer)
67. USURY, Riley (B) 60, Patience 50 (wife), Tisha 17, George 9
68. BAGWELL, John M. 52 (physician & farmer) (T VA T), Caroline 36 (wife) (T T VA), John N. 18

CHEATHAM COUNTY

Hh# Page 8, Dist. 11

69. JONES, Levi (B) 56 (VA VA VA), Susan 47 (wife) (tumor) (T NC T); GRAY, Tamar 29 (widow) (dau), Sarah 12 (gr child), James 9 (gr child), Margaret 7 (gr child)
70. EASLEY, Richard (B) 50 (T NC NC), Lucinda (Mu) 48 (T __ T), Fanny 24, Ida (B) 11
71. HOOTON, Henry (B) 34 (laborer) (T VA T), Kate 21 (wife), Katherine 13 (dau), Thomas 12 (son), Alexander 2, Clarence 1/12 (b. May)
72. GREER, Abner 60 (B) (laborer) (VA VA VA), Pallas 50 (wife) (T VA VA), Anna 15, William 11, Levi 6, Andrew 2
73. HUTTON, Jackson (B) 50 (T __ __), Narcissa 45, Martha J. 7, Mary L. 4
74. THOMPSON, Jerry (B) 44 (T NC __), Martha 36
75. WHITE, Spencer (Mu) 61 (T T NC), Adie J. (B) 66 (wife) (T NC NC), Aaron 21, Robert 16, Lewis (Mu) 13, McElvy (B) 11
76. THOMPSON, Clarissa (B) 52 (widow), Virginia (Mu) 14 (gr child) (T __ T)
77. HANNAH, Samuel (B) 35, Zilpah 24, Hester 16, Josephine 6, Robert 5, John 3, Maggie 1
78. GREER, Ceaser (B) 30 (laborer) (T VA VA), Harriett 25, Susan 15 (dau), Sarah 9, John E. 7, Kate 4, Ceaser jr. 2

Page 9, Dist. 11

79. BROWN, Robert (B) 24 (laborer) (T __ __), Sarah A. 20 (T __ __), Frank 6, Lucinda 2, Fanny 2/12 (b. Apr)
80. DUNN, James M. 58 (T VA VA), Elizabeth 48, Allen C. 20, James N. 18
81. GREER, Anderson (B) 57 (laborer) (GA GA GA), Ellen 40 (T SC __), Samuel W. 20, Aaron 18, Martha E. 14, Daniel S. 11, William H. 9, Susan 6, Alice 1
82. SHEPPARD, Palley (B) 65 (widow) (VA VA VA)
83. JUDD, Jacob H. 28 (T VA T), Sarah E. 24, William H. 10, Charles H. 8, Bettie 5
84. DUNN, Lewis B. 39, Sallie 35, Oda 13 (dau), Susan 11, William 9, Margaret 7, Isabella 4, Tennessee 2
85. TURNER, Adolphus 35 (laborer) (__ __ __), Martha E. 38 (T KY T), John W. 16, Joseph H. 14, Charles M. 12, Silas B. 9, Samuel 8, Susan W. 5, Robert S. 1; BLEDSOE, Louisa 57 (mother in law) (widow), Tabitha 23 (dau) (of Louisa)
86. DUNN, Gustavus 27, Martha E. 27 (T __ __), William J. 6, John W. 5, Clemmy 4, Mary E. 2, Maud E. 1; TELLIS, Moses 20 (Mu) (servant)

Page 10, Dist. 11

87. HARDEN, Elisha (Mu) 34, Nancy 40 (wife) (T __ __)
88. DUNN, George (B) 35 (laborer), Dica (Mu) 32, James (B) 12, Elizabeth 10, Joseph 7, George 5, Bessie 4/12 (b. Jan)
89. MAYS, William P. 45, Rebecca J. 37, Joseph A.? 18, Lucy E. 16, Lea 6
90. GREER, John H. 25, Emma M. 19; ELLISSON, Anna 79 (aunt) (widow)
91. DUNN, Willis 42 (B) (wood chopper) (T VA VA) Nancy 35 (T NC NC), Charles 18, George 16, Henderson 14, Sarah 11, Shepperd 8, Irris 1
92. YOUNG, Elijah 32, Lucinda 34, Wm. J. 9, Jno. M. 7, Jas. M. 4, Elijah B. 2
93. SHELTON, John (B) 60 (laborer), Mariah 50, Samuel 14, Washington 10, John 5, Martha 6; EXUM, Sylvia 80 (mother) (widow)
94. MAYS, Robert J. 32, Elizabeth B. 22, Leslie H. 2 (son)
95. CORNELL, Jonathan 50 (OH NJ PA), Mary F. 25 (OH __ __)
96. JONES, William 62 (widower) (T VA VA), Caroline T. 13 (dau), James L. 11, Emily T. 9, Eliza F. 8, Margaret 7, Washington 6, Ida F. 3

Hh# Page 11, Dist. 11

97. O'BRIEN, Michael 40 (laborer) (Ire Ire Ire), Jane 45 (Ire Ire Ire), Mary J. 11
98. NALL, Andrew J. 44, NAncy C. 42, Sarah A. 21, John C. 19, Susana 17, Nancy E. 14, James C. 10, Alberta 7, Lucy A. 3
99. GREER, Joseph 60, Elmina 31 (wife), Harriett 15, Katharine 13, William 11, Lafayette 7, Safronia 3, Georgia 4/12 (b. Jan)
100. DEAL, William 22 (laborer), Mary 34 (wife), Lily 8, Montgomery 7, Madilla 3, Mary 1
101. GARLAND, Orville 52, Catherine 40
102. JONES, Henry 55 (single) (T VA VA), Elizabeth 50 (sister) (T VA VA)
103. MAYS, James T. 40, Emily 42 (T VA VA), James jr. 16, William 14, George G. 12, Lucy V. 10, Tennessee 6, John 2
104. HENRY, John J. 54 (T SC MD), Lucy T. 43 (T Ire NC), Elizabeth 24, John T. 18, Nancy 16, Elvira 12, Virginia 7
105. FERBY, Harriett (B) 45 (widow), Maggie (Mu) 15, Frank 13 (B), Dickson 10, Belmont 8, Hickman 10, George 25

Page 12, Dist. 11

106. STOVER, James 34 (trader), Margaret 33, Benjaman 9, William 7, Ida 5, Elisha 3, Emily 3/12 (b. Mar); WEAVER, Virginia 20 (servant) (T VA T)
107. HANNAH, G. W. jr. 41, Agnes 31 (wife), Jerome 13, William 11, Samuel 8, Susan 6, Georgia 4
108. TURNER, Anderson 63 (SC SC SC), Eunice 62 (NC NC NC), John 21, Eunice jr. 16, Margaret 28; SCOTT, Thomas (B) 18 (servant)
109. MAYS, Henry (Mu) 20 (laborer), Julia 20 (B), Dolly 1
110. KNIGHT, Judy (B) 50 (widow), Lewis 18, Philip 16, Ora 12
111. MAY, Joseph 73 (widower) (T VA VA), George W. 13 (son)
112. MAYS, Joseph H. 23, Mary 20, Cora 2, William 5/12 (b. Dec); PEGRAM, Dolly (B) 40 (servant)
113. SMITH, Frank (Mu) 40 (laborer), Fanny 40 (B)
114. WOODARD, Thomas (B) 35, Amanda 32, Dalton 13, Anna (Mu) 12, John (B) 8, James 4, Frank 2
115. CLARK, Thomas W. 32, Mary 25, Irby 5, Edwin 4, George 2

Page 13, Dist. 11

116. FULGHUM, William 32, Mary 21, James T. 3
117. GORDAN, Robert (Mu) 33, Mary (B) 24, Samuel 7, Elizabeth 5, Watson 4, Henry 2
118. CLARK, James P. 40 (T VA T), Amanda 43, George W. 17, Martha J. 18, Francis 14, John 12, James F. 10, Robert P. 8, Margaret 5, Carter A. 2, Thomas J. 36 (brother) (crippled); HANNAH, Somerfield 82 (mother) (widow), Martha A. 48 (dau)
119. INMAN, William J. 31, Hortense 25, John E. 9, Dora 7, Alice 5, Thomas 3, Fredrick 1
120. GREER, Ellen (B) 30 (widow), Judith 11
121. GREER, William 82 (VA MD PA), Nancy 44 (wife) (T NC T), William 19, John W. 13, Harriett 8; GODWIN, Alex 25 (servant)
122. FULGHUM, Thomas W. 64 (T NC VA), Martha 60 (T VA NC), Tabitha 18, Martha 13
123. HANNAH, George W. sr. 52, Elizabeth 31 (wife), John W. 19, James D. 17, William 9

Page 14, Dist. 14

124. THOMPSON, Joel P. 25, Martha E. 21
125. KELLAM, John H. 36 (T T VA), Ida 25 (T PA MD), Harriett K. 2, Lucinda 74 (mother) (VA VA VA)
126. KELLAM, William W. 42 (T T VA), Georgia V. 45 (KY KY PA), Jennie W. 17, Henry L. 15, Roger W. 13, Georgia H. 11, James H. 7, Florence L. 6, Julius T. 2, Aris L. 5/12 (b. Dec) (dau)
127. SEARS, Edward G. 44 (T NC T), Isabella 31, Nancy L. 8, Charles 6, Willie E. 3, Martha 1

CHEATHAM COUNTY

Hh#	Page 14 (cont'd)
128.	COOPER, George (B) 58 (laborer) (T MD VA), Malinda 45 (T NC NC), Harriett 20, Green P. 17, Robert 14, Samuel 11, Anna 8, Jane 5, William 2
129.	NEWSOM, Frank (B) 25 (laborer) (T T VA), Margaret 21 (T VA VA), Isora 6, Della 3, Maggie 1
130.	HARRIS, George 65 (laborer) (T NC NC), Celia 52, Georgia 15, Jane 14
131.	LYTTLE, John 26 (B) (laborer) (GA GA GA), Charity 24, Edward 11
132.	HARRIS, James (B) 29 (laborer), Clara 28, Laura 6, James jr. 5, Ella 3, Cornelia 2, Georgia 1/12 (b. Apr)

Page 15, Dist. 14

133. HOLT, William 43, Lydia A. 33, Nancy 3, Rosa L. 1
134. CRADDOCK, James 32 (laborer), Minerva 30, James L. 7, Henry C. 5, George M. 2
135. PEGRAM, Robert W. 43 (T VA T), Mary 38, Beulah 14, Roberta 11, Georgia B. 8, Harry 4
136. GREEN, Jonathan 58 (T T NC), Elizabeth 40, Frances A. 17, Samuel N. 15, Louisa J. 13, Newton 12, Jasper M. 11, Charles R. 10, Joseph H. 8, Andrew E. 6, Thomas L. 2
137. MAYS, John A. 28, Ada R. 26, Alexander 6, Edward 4; ELLISSON, John 17 (servant)
138. BROWN, Ann 46 (widow), William M. 24, Eura 15
139. PEGRAM, Stephen (B) 55 (NC NC NC), Mary B. 50, William 12, Lovy A. 9
140. NEWSOM, James (B) 50 (laborer), Clara 35 (wife), Martha 20, Lucy A. 9
141. HUTTON, Charles (B) 60 (laborer), Lucretia 40 (wife), Alfred 20, Thomas 15, Mary E. 7, Martha 4, John H. 1; NAPIER, Hester 60 (mother)

Page 16, Dist. 14

142. WOODARD, Ephram (B) 30 (laborer), Sarah 23, Henry 6, Daniel 5, George 2, Gertrude 7/12 (b. Oct)
143. PEGRAM, Z. T. 32 (T VA T), M. R. 34, Z. T. jr. 7, Carrie 5
144. JONES, I. N. 43, Mariah L. 43 (KY CT TN), Charles 19, Elizabeth 18, William 8, Harriett 7, Maggie 5; WOODARD, Elizabeth 63 (mother) (widow)
145. FRENCH, Mary (B) 40 (widow), John M. 19 (laborer) (pneumonia), Caroline 9
146. PEGRAM, Julia 70 (widow)
147. LILES, Ephram L. 53 (T NC SC), Elizabeth 51, William J. 20; HAYS, Minerva 34 (niece)
148. PEGRAM, James J. 31, Louisa A. 31, Josephine 11, John L. 7, Minnie G. 2
149. NEAL, William C. 28, Eliza H. 20, Mary S. 58 (mother) (widow)
150. GREER, Charlotte 38 (widow), Walter J. 13, Mary P. 12, Louis W. 10, William W. 8, James J. 6
151. GREER, James W. 40, Elizabeth 35, Sarah P. 11, William 9, Mary E. 7, James W. 5, Martha 2, Rosa L. 9/12
152. THORNTON, John M. 61 (widower) (chills) (T GA T), Elizabeth 26 (dau)

Page 17, Dist. 14

153. THORNTON, Annis 24 (dau) (of #152), John B. 19, William T. 17, Charles R. 13, George H. 11, Silas M. 8 (these all appear to be children of John M. Thornton although they were numbered as a separate household)
154. HERRIN, Henry A. 24, Sarah R. 21, Elizabeth 2
155. HERRIN, William 52 (T Ire T), Dorcas 47, Artymishia 90 (mother) (widow) (T VA VA)
156. HENRY, William D. 65, Susan 52

Hh#	Page 17 (cont'd)
157.	LILES, Elonzo D. 30, Alice E. 22, Anna D. 3, Ruby 1
158.	JOSLIN, Louis 21
159.	GRAY, Elijah (B) 33 (laborer), Katie 35, Alfred 8, Elijah jr. 6, Felix 4, Samuel 2, Robert 1, Louis 3/12 (b. Mar)
160.	THORNTON, Polly 80 (widow) (VA VA VA). Manirie 58 (dau) (single) (T GA VA)
161.	SHOUSE, William C. 28 (laborer), Elizabeth 25, Thomas F. 5
162.	HUTTON, William W. 54, Malinda 45, William H. 23, Elizabeth W. 19, John W. 14, Ellen F. 12, Alice C. 8
163.	ROBERTSON, Simon 47, Almeda 36, John J. 18
164.	JONES, Moses 59 (widower) (T VA VA), Nannie 31 (dau), Summerville 29 (dau)
165.	CLARK, Houston L. 58, Lucinda 50
166.	PERRY, John M. 27 (trader), Ella E. 22, Carrie D. 1

Page 18, Dist. 14

167. ALEXANDER, John (B) 52 (laborer), Adeline 33, Emma 12, Lark 5, Luckey 3 (son), Thomas J. 6/12 (b. Dec)
168. WOODWARD, Leanord (B) 35 (laborer), Elizabeth 25, George 8, James 7, William 3, Edward 2
169. SHELTON, Charles (B) 62 (laborer), Eliza 57
170. PEGRAM, John (B) 40 (laborer), Annis 30, James 10, HEnry M. 5, Laura 3
171. PEGRAM, Silvester (B) 35 (laborer), Martha 28, Mary 5, Peter 3, Maggie 2, John W. 5/12 (b. Jan)
172. WOODWARD, Matilda 55 (B) (widow), Levy 24, Marshal 18, Savannah 14, George 12, Alice 9, Wesley 5
173. WOODWARD, Jessee (B) 46 (laborer), Clementine 32 (Mu) (wife), William 20 (B) (nephew), Jessee jr. 18 (nephew), Mansfield 16 (nephew), Jefferson 18 (cousin), Samuel 15 (son), Almeda 17 (dau), Emma 14 (dau), Eva 13 (dau), Josephine 9 (dau), Carter 7 (son), James 6 (son), Carrie 5 (dau), Anna 3 (dau), Rena 2 (dau)
174. HUDLESTON, Andy (B) 45 (laborer), Lucretia 40, Jerry 20, Ella 9, Cora 5

Page 19, Dist. 14

175. PEGRAM, George W. 40 (retail merchant) (T VA VA), Minnie 21 (wife)
176. PEGRAM, William M. 37, Ellen 34 (T KY T), Thomas 11, Mastin 9, Willie 7 (dau), Lydia 4; PAGE, Ella 21 (servant); MARTIN, George F. 39 (boarder) (carpenter)
177. ELLIOTT, Frank 46, Elizabeth 65 (wife) (T Ire Ire)
178. BAILEY, Nicholas 26 (laborer), Harriett 25, Thomas 9, John 7

INDEX

The index applies to this booklet only. It includes
the names of all heads of household plus individuals
whose surnames differed from that of the head of
household. The name is followed by the person's age,
the booklet page number and then the household number
as it appears on the original schedules.

ABERNATHY, A. E. 16, 2-79
    L. 41, 7-122
ADAMS, Abram 30, 28-45
    G. W. 44, 2-88
    H. C. 35, 3-113
ADCOCK, Dolly 65, 28-60
ADKINS, Martha J. 41, 19-103
    Mary D. 8, 19-103
    Thos. 15, 19-103
    Thos. 14, 19-109
ADKINSON, David 6, 7-144
    George 23, 23-81
    Jackson 60, 23-80
    James 8, 7-144
    Sarah 14, 7-144
ADKISSON, Lucy 50, 27-7
    Philip 56, 27-8
    Robt. 80, 23-78
    Sam 27, 23-75
    Thos. 42, 23-66
AGENT, Joseph H. 24, 11-308
AKIN, Anderson B. 52, 28-56
ALBERT, Almira 32, 25-154
ALEXANDER, John 52, 30-167
    Monroe 22, 23-99
ALLBRITTON, Ellen 15, 8-190
    Frank 20, 8-190
    Sid 17, 15-140
ALLEN, B. G. 60, 1-22
    Carroll 53, 26-223
    G. B. 43, 2-81
    George 21, 25-180
    Henry 24, 27-276
    J. R. 26, 12-7
    James 74, 26-222
    Jeferson 64, 4-149
    Lucata 47, 25-182
    Nannie 18, 3-93
    Samuel 21, 27-276
    Solomon 28, 26-225
    T. J. 43, 3-93
    T. S. 23, 3-93
    Tennie 20, 3-93
    Washington 48, 27-254
ALLEY, Josaphine 29, 3-120
    Jos. 69, 12-33
    Litton 5, 3-120
    Tessie 7, 3-120
ALLISON, George 30, 22-8
    Grant 13, 6-67
    Lydia 50, 27-283
ALLSBROOK, Westley 30, 24-129
ALSBROOKS, Charley J. 19, 19-137
ANDERSON, Alfred 59, 26-197
    C. E. 31, 5-22
    Emily 55, 28-25
    F. A. 58, 5-21
    Geo. J. 36, 7-109
    James 23, 20-166
    James 10, 28-25
    John H. 31, 5-20
ANDREW, Peterson 69, 23-48
ANDREWS, Benja. 41, 22-45
ANTHONY, John 32, 26-238
APPLETON, Alford 65, 4-160
    C. H. 43, 4-161
    David 27, 22-27
    William 27, 4-159
ARMSTEAD, Antony 25, 27-264
ARNOLD, Columbus 43, 28-52
ARRINGTON, Geo. jr. 28, 6-101
    Geo. sr. 60, 6-103
    James 23, 5-16
    James 15, 5-61
    Jno. 32, 13-77
    Kinny 24, 6-71
AYRES, E. 67, 12-11
BABB, J. M. 30, 5-40
BAGWELL, Jacob 8, 9-210
    John M. 52, 28-68
    William 9, 9-210
BAILEY, James 12, 13-38
    Nicholas 26, 30-178
BAKER, Henry 36, 16-195
    James 61, 23-50
    John 23, 20-180
    William 35, 23-51

BALLARD, J. W. 53, 19-126
BALTHROP, Albert 6, 14-91
    Dempsy 19, 20-156
    F. F. 16, 14-91
    J. E. 47, 14-91
    J. H. 38, 17-30
    Julius 70, 17-17
    Sam 27, 14-120
    Saur C. 19, 14-91
    Thos. G. 71, 17-16
BARNELL, Ella 36, 23-52
BARNES, Georgeann 21, 3-131
    Georgia 18, 8-157
    J. E. 5/12, 3-131
    Robert 26, 6-73
    Thomas 21, 26-228
BARTIN, G. 51, 1-12
BARTON, Alx. 24, 19-123
    Boliver 33, 22-224
    Edny 18, 19-123
    Elizabeth 52, 20-148
    Henry 20, 15-172
    Kitte 45, 21-223
    Newel 17, 19-119
    Robt. 43, 19-133
    Westley 37, 20-176
    Willy 11, 15-168
BASFORD, G. W. 43, 13-35
    L. J. 40, 13-54
    Mary 55, 13-48
    T. J. 25, 13-39
    Tom 18, 12-26
BATSON, John 65, 19-128
    M. 6, 13-69
BATTS, H. J. 20, 17-5
    Nancy 68, 15-148
    Thos. 49, 17-1
BAUZELL, Harriet 64, 23-61
BEARD, William 38, 28-27
BEARDEN, Harvey M. 26, 18-69
    Michael 27, 9-237
BECK, David 50, 28-61
BEEN, George 30, 2-62
BEGARLY, John 39, 9-241
BELL, Alexander 38, 22-33
    Evaline 73, 22-38
    Frederick 36, 22-37
    G. W. 50, 14-93
    George 43, 17-9
    Green 45, 17-8
    James 17, 22-43
    James 35, 12-350
    John 32, 22-34
    John 35, 22-32
    Montgomery 53, 22-44
    Pawlina 110, 26-226
    S. A. 23, 16-180
    Sam 68, 9-233
    Thomas 49, 15-164
    W. T. 29, 15-172
    William 54, 23-58
BELLE, T. F. 49, 1-35
BENNETT, J. J. 35, 5-12
    Jacob 42, 7-128
    John 28, 7-131
    Wm. 72, 5-14
BENNETTE, J. M. 56, 2-56
BIDWELL, John 10, 4-1
BIGGER, Ann 25, 13-34
    Gus 11, 13-34
    Mason 50, 13-34
BIGGERS, Eddie 3/12, 20-181
    Hannah 20, 20-181
    Mahala 24, 17-4
    T. 20, 12-24
BIGGS, Charles 18, 7-108
    D. J. 35, 1-38
    John 57, 2-91
    Ruben 47, 7-107
    William 31, 1-41
BIGLOW, Tom 40, 24-106
BINKEY, George W. 56, 12-346
BINKLEY, A. 41, 3-94
    A. F. 35, 21-190
    Andrew M. 11, 18-79
    Asa N. 67, 4-1
    B. B. 40, 4-139

BINKLEY, Black F. 46, 6-90
    Carroll F. 35, 6-88
    Cath 72, 8-190
    D. S. 67, 1-31
    Drucilla 70, 4-2
    E. J. 70, 4-3
    Emily M. 37, 7-141
    F. M. 37, 1-13
    Frank P. 27, 7-114
    G. F. 28, 16-197
    G. W. 46, 2-86
    George 29, 6-78
    Geo. W. sr. 43, 9-235
    George W. sr. 34, 11-320
    Henry F. 24, 9-218
    Henry J. 44, 7-136
    Henry J. 35, 4-147
    Hiram 33, 6-84
    J. F. 26, 5-54
    J. R. 42, 4-4
    James M. 30, 7-116
    James S. 34, 7-126
    James R. H. 51, 8-196
    John A. 43, 7-118
    John A. J. 49, 11-323
    John W. 55, 8-194
    Joseph 51, 1-30
    Leonard 39, 7-134
    M. M. 44, 7-115
    Marc? 30, 6-82
    Mildred 44, 6-86
    Nancy 16, 16-209
    Nicholas N. 43, 6-83
    Robt. 54, 5-35
    Simeon 55, 7-144
    Tazwell 30, 5-17
    Warren 20, 10-261
    William 49, 7-143
    William H. 23, 9-217
BINKLY, C. L. 14, 16-191
BIRTHRIGHT, John W. 5, 10-255
BLANE, Rebecca 73, 25-173
BLANKENSHIP, George W. 15, 18-49
    Watson 25, 23-94
BLANKINSHIP, Sarah M. 10, 20-161
    Sarah T. 30, 20-161
BLANTON, Clary A. 14, 21-195
    Henry 36, 18-58
    Puss 35, 21-195
BLEDSOE, Louisa 57, 85-29
    Tabitha 23, 29-85
BOBBETT, Joseph 36, 19-102
    Julia 47, 19-130
    Lee 26, 19-94
    Wm. J. 38, 19-95
BOBBITT, J. D. 30, 16-178
BONE, William 35, 5-50
BOSLEY, James 72, 2-61
BOSS, John 56, 4-2
BOWLING, Lee 9, 17-3
BOWLTON, George 21, 27-15
    Mary 15, 27-15
BOYD, Caswell 53, 21-211
    D. A. 25, 16-190
    Hulda 16, 4-3
    J. C. 30, 15-152
    J. T. 29, 13-59
    Jane 60, 13-80
    John T. 20, 24-103
    Lottie 50, 9-216
    Martha 14, 4-3
    Martha G. 57, 8-191
    Martha L. 4, 24-102
    Mathew H. 52, 7-150
    William 36, 10-257
BOYT, A. 58, 3-128
    A. E. 22, 4-146
    Georgia Ann 19, 10-269
    M. T. 62, 2-68
    W. J. 31, 4-145
BOYTE, G. W. 27, 3-121
    Wilson 26, 2-69
BRACY, William T. 38, 10-288
BRADLEY, Burley P. 42, 11-312
    C. C. 44, 3-101
    John Joseph 70, 12-348
    John Joseph 51, 11-292

BRADLEY, Mary 18, 8-186
    William 11, 10-255
BRAMSON, Nath. 45, 1-9
BRASWELL, John 24, 24-105
    William 35, 24-124
BRIANT, Tennie 32, 3-124
BRIDGES, Henry 85, 5-11
    William 26, 26-221
BRIGHT, J. W. 30, 16-184
    Milton 10, 3-93
    R. 40, 12-25
    W. T. 42, 2-65
BRINKLEY, James 24, 24-106
    S. J. 27, 4-164
    S. M. 44, 3-96
    W. B. 34, 4-170
    W. J. 19, 14-95
BROWN, Andrew 23, 27-246
    Ann 46, 30-138
    Bettie 4, 26-237
    Catharine 68, 25-146
    Cheatham 8/12, 6-98
    Dora 4/12, 26-237
    Ella 19, 22-16
    Harriet 1, 26-237
    Harriet 26, 26-237
    James 53, 6-98
    James 29, 24-129
    James 23, 26-234
    James 48, 26-201
    James 20, 22-39
    John M. 30, 26-237
    Joseph 24, 26-237
    Joseph 27, 25-177
    Mary Ann 6, 26-237
    Robert 24, 29-79
    Samantha 3, 26-237
    Samuel 18, 22-39
    William 13, 27-248
    William 32, 25-181
BRUMMETT, James 45, 24-125
BRYAN, E. 32, 16-177
BRYANT, Somior? 26, 9-210
BUCHANAN, James 28, 24-129
BUNTON, Eliza J. 41, 18-55
    John B. 22, 18-55
    Sarah E. 18, 18-55
BURCH, Robert 24, 3-115
BURCHETT, Lizzie 10, 23-63
BURUSS, Henry (B) 23, 12-343
BUSH, Carter 72, 8-163
BUTT, Auther 49, 27-11
CAGE, Betsie 45, 13-67
    J. E. 42, 13-41
    Sam 22, 13-69
CAGLE, Alin 35, 7-127
    Charles S. 28, 7-124
CAIN, A. N. 45, 14-116
    John J. 38, 19-89
CALVIN, Andrew 28, 26-233
CARNEY, A. J. 48, 2-83
    Alex 33, 5-16
    Ennis 28, 2-74
    G. J. 21, 2-84
    G. W. 29, 2-53
    George 24, 17-35
    H. B. 43, 3-125
    H. J. 44, 1-36
    J. P. 39, 2-89
    John 31, 3-96
    Joshua 64, 2-75
    Julius 35, 3-97
    R. F. 21, 5-32
    S. J. 45, 1-21
    W. M. 39, 1-32
CARR, Maria 75, 14-97
CARRIGHAN, Thos. W. 19, 18-86
CARROL, Quintina 55, 21-197
CARROLL, Elizabith 72, 23-83
CARTER, Francis 47, 25-157
    Joseph 21, 1-49
    Lewis 29, 24-129
CASEY, John 22, 2-83
    W. J. 35, 5-26
CAUTHEN, Benjamin 23, 27-272
CEARLY, Sion 37, 22-39
CHAMBERS, Bob 25, 12-30

CHAMBLESS, Joseph 23, 5-58
CHAMBLISS, John 34, 17-14
    M. M. 66, 19-97
    Mary 68, 15-132
CHARLTON, Moses 30, 28-54
CHARTER, Caroline 6, 22-37
    Emma 10, 22-37
CHASE, Green 17, 26-194
    Hannah 47, 26-198
CHAUDOIN, Eliza 62, 22-3
    Mary 23, 22-12
    Reuben 41, 27-275
CHEATHAM, Sarah 70, 12-337
CLARK, Abram 55, 23-70
    Chalie 50, 15-166
    Houston L. 58, 30-165
    James P. 69, 3-118
    James P. 40, 29-118
    John 29, 22-11
    Joseph 75, 27-1
    Nancy 30, 6-102
    Thomas W. 32, 29-115
    W. C. 42, 1-4
CLAXTON, James L. 34, 21-212
CLAY, Sally 59, 22-46
CLEMONS, Mary 19, 9-198
CLIFTON, Delilah 70, 20-171
    E. T. 46, 18-50
    J. N. 44, 18-71
    John T. 14, 17-42
CLINARD, Robert 24, 6-69
    Thomas 40, 10-286
COAKLEY, Catharine R. 54, 18-66
    Charles 21, 21-185
    George 12, 19-88
COCHRAN, James 46, 6-92
COFER, W. F. 22, 5-16
COLE, Wm. 46, 5-62
COLINS, W. H. 59, 1-44
COLLIER, John F. 59, 25-147
    Nancy 24, 24-124
COLLINGE, Nelson 46, 28-29
COLLINS, Dock 41, 21-223
    Elisabeth 79, 22-226
    Joshua 31, 22-227
    Robt. 20, 22-225
    Sydney 27, 22-228
    Thos. 14, 20-163
COLLUM, E. T. 66, 1-4
CONNEL, Monroe 45, 14-96
COOLEY, W. 47, 6-67
COON, J. F. 35, 16-207
    Narcissa 48, 4-158
COOPER, Charles 16, 25-177
    George 58, 30-128
CORLUE, Benjamin 33, 22-19
    William 27, 22-24
CORNELL, Jonathan 50, 29-95
COTHRAN, Elizabeth 73, 9-237
    Hiram 52, 8-197
COUNCEL, Roxana 45, 4-7
COUNCIL, Priscilla 58, 21-191
COX, David 44, 24-105
    Mary 32, 28-40
    Thomas 43, 26-210
CRADDOCK, James 32, 30-134
CRAIG, J. T. 64, 3-108
CRAIGHEAD, James 25, 8-156
CRANCE, B. F. 10, 15-142
    H. P. 24, 15-141
CRANTS, David 58, 6-100
    Michael 29, 6-97
    Thos. W. 25, 6-95
CRANTZ, Michael 29, 5-25
CREESE, Kittie 33, 9-240
CRISTIE, Elijah 27, 21-214
    J. T. 50, 21-213
CROCK, Thomas 37, 25-187
CROCKETT, David C. 23, 6-79
    John 53, 25-167
    Mary 18, 6-79
CROTZER, James 32, 17-29
CROUCH, Jackson 23, 26-215
    Newman 19, 25-182
    Rebecca 47, 26-206
    Shelton 27, 25-179
    William 40, 25-185

CROW, Albert S. 8, 21-216
    Calvin 32, 27-257
    Eliza 27, 21-216
    Jackson 27, 27-258
    John 50, 27-255
    Lucinda 70, 27-256
    M. S. 29, 21-216
    Mary E. 1, 21-216
    Purney 4, 21-216
    Wm. T. 6, 21-216
CROWDES, Frank 2, 28-51
CRUMPLER, John 26, 22-13
    Lenore 29, 22-13
    Louana 65, 22-13
    Mary 45, 22-14
    Rayford 36, 22-13
CULLUM, David C. 44, 7-151
    Elisha 34, 24-140
    Harrison 36, 25-192
    Martha 71, 26-198
    William 45, 7-147
CUMMINS, Levi 65, 26-224
CURFMAN, Elizabeth 54, 23-88
    Felix 54, 22-26
DAILY, Virginia 26, 22-45
DANIEL, Louisa 18, 21-197
DARDEN, Frank 16, 12-338
    G. 25, 12-17
    Gus 17, 14-95
    Robt. 50, 14-97
DARROW, Geo. R. 19, 9-227
    Isaac 25, 6-93
    Mary E. 28, 21-190
    William 37, 3-103
DAUB, George 40, 24-105
DAVIS, Benj. 45, 19-100
    H. H. 35, 2-54
    Indy 20, 26-235
    James F. 41, 8-195
    Jno. 51, 21-196
    Johnson 21, 26-235
    Johnson 55, 27-278
    Major 9/12, 26-235
    Tennessee 45, 26-207
    W. F. 9, 15-170
    William 28, 26-216
    William W. 66, 8-187
DAWSON?, George T. 32, 10-276
DEAL, William 38, 23-62
    William 22, 29-100
DEAN, John A. 31, 28-50
DeLONG, J. 45, 6-87
DEMOSS, Thomas 20, 27-251
DEMUMBRA, Hampton, 1-34
    J. S. 27, 2-73
    Mary 49, 2-79
    Masnerva 60, 4-177
    R. S. 47, 2-80
    R. W. 26, 2-77
    Tennie 10, 4-177
    Wilson 48, 2-70
DENNING, Elisabeth 60, 21-205
DENNY, A. J. 34, 19-103
    W. H. 41, 20-146
DERROW, George 25, 7-149
    James A. 31, 6-89
DESMUMBRA, James W. 24, 7-125
DICKENSON, Josh 29, 5-15
DICKERSON, A. 29, 4-177
    Belle 18, 4-167
    Billie B. 14, 4-167
    Buck 68, 4-167
    Celie 25, 4-167
    Fannie 48, 4-167
    Fannie 1, 4-167
    General 3, 4-167
    Nancie 12, 4-167
    Sallie 13, 3-129
    Susan 27, 4-167
    William 16, 27-255
    William 12, 4-167
DILLINGHAM, George 24, 23-63
    Jane 52, 27-12
    Joseph 26, 23-68
    William 27, 23-67
    Wm. sr. 70, 27-13
DISMUKES, Melvina 62, 7-142

DOAK, Mary 24, 12-348
    Sabie 23, 20-156
    Thos. A. 28, 19-92
DOBBS, George 27, 22-12
DOBSON, George P. 45, 28-49
DOUGHERTY, Tobitha 36, 23-49
DOUGLASS, A. 71, 12-15
    A. R. 24, 4-153
    Chas. J. 26, 7-112
    James 28, 7-111
    Margarett 64, 5-49
    Richard 46, 22-40
    S. M. 29, 2-76
DOWLEN, Benjamin 55, 12-344
    Charles 42, 11-329
    David 25, 6-105
    Dute Andrew 43, 6-76
    H. N. 14, 1-5
    Harris 61, 11-318
    Henry 46, 10-263
    M. Va.B. 49, 10-264
    Peter 35, 10-261
    Sylvester 37, 10-270
    Whitmel 67, 11-328
    William R. 23, 11-305
DOWLIN, Ella 50, 8-167
DOZIER, Absalom 53, 26-228
    Albert 38, 23-60
    Emma 5, 26-232
    Enoch 31, 26-231
    George 36, 24-130
    Grandy 66, 26-195
    H. H. 36, 1-48
    H. J. 33, 2-51
    Harret E. 78, 1-45
    Henry 33, 26-194
    J. D. 32, 1-46
    James 27, 27-259
    James H. 32, 1-47
    Matilda 34, 23-59
    Susan 45, 22-44
    Thomas 32, 24-128
    Thomas 25, 24-119
    Tissie 20, 22-39
    Walter 1, 22-39
    William 43, 27-250
DRAKE, Burgess 50, 28-21
    Jack 25, 13-69
DRIVER, Edward 19, 24-129
DUKE, J. M. 44, 17-31
    Judie 16, 24-132
    Noble 11/12
    Robert 20, 24-132
DUNN, George 35, 29-88
    Gustavus 27, 29-86
    James 35, 28-65
    James M. 58, 29-80
    Joseph N. 50, 27-14
    Lewis B. 39, 29-84
    Samuel H. 47, 27-6
    Samuel K. 37, 28-58
    Thomas 23, 27-5
    Thomas M. 60, 28-51
    Willis 42, 29-91
DUNON?, Joseph D. 55, 6-85
DURHAM, Jennie 42, 9-228
DYE, M. 12, 13-48
    Moses 70, 13-48
EAKIN, David 24, 27-3
EASLEY, Richard 50, 29-70
EASTRIDGE, Alson 26, 3-137
    T. 51, 3-135
EATHERLY, Charlie 4, 15-166
    Cornelia 23, 3-127
    J. 69, 16-182
    J. M. 30, 3-106
    Minnie 2, 15-166
    Sue 21, 15-166
    T. H. 63, 20-158
    W. J. 24, 16-181
    William 36, 3-112
EDGENT, John A. 79, 7-106
EDWARDS, A. 62, 16-219
    Burrell 30, 23-61
    Eidth C. 9, 20-158
    George W. 54, 11-303
    H. A. 29, 16-200
    J. M. 17, 16-200

EDWARDS, J. T. 33, 3-124
    James 4, 22-46
    John 26, 22-47
    Josh 37, 8-155
    Lucy 32, 22-46
    Mary Ann 14, 20-158
    Nelson 45, 4-152
    Richard 43, 8-193
    Sarah 11, 22-46
    W. J. 22, 16-218
    Westley 31, 9-225
ELEAZER, Cora Lee 12, 21-184
    S. Inez 10, 21-184
ELLET, James W. 14, 4-8
    Lasley 61, 9-202
    Pleasant 67, 9-202
ELLIOT, Johnn 30, 13-41
    Frank 46, 30-177
ELLIOTT, John 39, 27-253
ELLIS, E. S. 41, 14-84
    F. 33, 1-5
ELLISON, Philip 28, 23-69
ELLISSON, Anna 79, 29-90
    John 17, 30-137
EMERY, Sam 53, 7-144
ENGLAND, Alexander G. 24, 11-291
    Andrew 22, 24-129
    Susan 47, 20-274
    Willis 27, 11-333
ENNIS, W. R. 29, 1-43
ETHERLY, Lucinda 68, 8-161
    William 35, 4-151
EVANS, Davdi 40, 20-141
    E. 20, 2-88
    George 28, 18-57
    Georgeann 19, 2-88
    James 27, 20-170
    John J. 34, 11-296
    Mary 20, 12-350
    Miles 20, 10-288
    Miles 70, 12-350
    Peter 16, 11-294
    Rich 14, 12-350
    W. M. 39, 5-52
EVERETT, James 40, 18-87
EVILSIDE, John 45, 13-42
EWING, Nellie 13, 22-44
EXUM, Sylvia 80, 29-93
FAMBROUGH, J. T. 39, 13-37
FARFIE, Richard 51, 20-145
FARLEY, Benjamin R. T. 52, 10-279
    Frank 20, 20-165
FARMBROUGH, A. H. 52, 20-143
    Albert 12, 19-101
    Elizabeth 10, 19-101
    Elmina J. 46, 19-101
    John 51, 19-114
    Margarett 14, 19-101
FARMER, J. W. 35, 2-52
    James 38, 6-80
    Nathaniel D. 53, 7-135
    Thomas 1, 7-14
FARREL, Calvin 16, 2-53
FARRIS, C. W. 52, 5-23
FELTS, C. H. 67, 1-18
    C. R. 49, 5-29
    George 22, 10-268
    Hulda 68, 10-262
    I. W. 55, 3-102
    J. M. 34, 13-60
    J. M. 29, 1-29
    James 24, 10-274
    James H. 22, 11-321
    James T. 45, 9-211
    John A. 23, 5-51
    John L. 51, 5-34
    Lee 45, 13-60
    M. F. 25, 5-33
    Malinda 39, 9-222
    Margaret E. 40, 9-223
    Nancey 75, 9-224
    Nancy M. 55, 5-30
    Prepella B. 60, 11-335
    R. J. 34, 3-119
    R. R. 29, 5-47
    Randle R. 73, 11-333
    Susan 72, 4-141
    W. J. 26, 1-21

FELTS, W. W. 75, 5-31
    Werthy 36, 11-302
    William 24, 10-269
FERBY, Harriett 45, 29-105
FIELDER, B. Frank 28, 19-116
    Emmer B. 18, 19-103
    J. T. 24, 3-127
    Mollie L. 21, 19-103
    Washington 43, 18-54
FIKES, Benjamin 30, 8-154
FINCH, George 21, 23-56
    John 55, 23-55
FINLEY, Virgil 7, 23-58
FISHER, Ellen 18, 18-66
    Wm. 26, 18-62
FLINTOFF, H. C. 32, 16-189
FLYNN, Jeffry 56, 9-198
FORBES, Joseph 51, 20-153
    Polly 66, 19-94
FORD, Frank 24, 5-33
    Jefferson 22, 10-262
FORREST, Harrison 27, 24-129
FORT, Geo. M. 28, 12-340
FORTUNE, Rhoda 75, 11-290
FOSTER, John Solomon 40, 11-332
FOWLER, Thomas 50, 24-108
FOX, H. C. 33, 14-104
    Lorenzo 75, 14-94
FRALEE, Margaret 59, 6-88
FRANK, Thomas 15, 27-257
FRAZER, Saml. 54, 5-44
    William 25, 5-45
FRAZIER, Charles 21, 14-103
    Doublin 56, 20-164
    Hawkins 28, 20-165
    Howell 69, 20-169
    Jane 54, 20-166
    M. E. 21, 16-174
    Susan 55, 20-167
    Thos. B. 24, 19-98
FREEMAN, C. C. F. 10/12, 12-3
    N. E. 26, 12-3
    R. S. 27, 12-3
FRENCH, Mary 40, 30-145
FREY, J. T. 23, 13-60
    Martin P. 57, 10-285
    Samuel 23, 11-330
    W. W. 52, 13-50
    Wiley F. 55, 11-327
    Wm. N. 19, 19-127
FRY, Allen 13, 25-170
    Jane 9, 25-170
    John 5, 25-170
    Julia 7, 25-170
    Martha 17, 25-170
    Oliver 15, 25-170
    Susana 40, 25-170
    Wiley 11, 25-170
FULGHUM, Caroline 50, 28-48
    James 58, 23-73
    Thomas W. 64, 29-122
    William 32, 29-116
GADDIS, Charles N. 11, 11-300
GALLAGIN, John 22, 11-312
    Patrick 53, 11-313
GALLAHER, John 58, 1-33
    William 38, 1-28
GALOWAY, A. 52, 15-170
    Sarah 14, 17-41
GAPTON, John 17, 8-171
GARDNER, Elias 52, 11-299
    Thomas 35, 4-165
GAREY, Nathan 79, 24-144
GARLAND, Delila 45, 28-57
    Orville 52, 29-101
GARRETT, J. E. 22, 14-115
GATEWOOD, Chas. 32, 8-160
    Eliza 40, 10-248
    William 64, 8-172
GIBBS, Benjamin 15, 24-111
    Caroll 18, 23-95
    J. T. 23, 3-99
    Julia 13, 24-111
    Robert 21, 24-111
GILBERT, Mary W. 30, 28-30
GILLILAND, William 26, 22-25
GILMORE, Cummins 9, 26-224
GIPSON, James 31, 18-82

GIPTON, William W. 5, 10-269
GIRARD, James W. 3, 10-262
    Joseph 37, 10-262
    Lila Anna 9/12, 10-262
    Roena 24, 10-262
    William W. 6, 10-262
GIVENS, L. T. 47, 14-88
GLASSGOW, John 22, 24-136
GLEAVES, E. M. 47, 1-20
    Martin 35, 1-19
GLEEVES, Charles 22, 24-133
GODWIN, Alex 25, 29-121
GOOCH, Alexander 37, 28-42
GOODRICH, Benjamin 45, 3-126
    Philip 42, 2-61
GORDAN, Robert 33, 29-117
    George W. 38, 28-64
GOSSETT, Dorra 32, 13-41
    Elijah 28, 18-62
    W. J. 62, 12-28
    W. T. 50, 13-41
GOWER, H. J. 49, 16-218
    W. D. 24, 16-218
GRAHAM, Andrew 65, 20-157
    Francis 59, 18-45
GRARLAND, Mahalia 14, 23-93
GRAY, Araminta 12, 6-81
    Elijah 33, 30-159
    G. 4, 12-32
    H. H. 14, 12-32
    J. D. 13, 12-32
    J. T. 6, 12-32
    James 9, 29-69
    L. C. 25, 12-5
    L. P. 10, 12-32
    M. 8, 12-32
    Margaret 7, 29-69
    Sarah 12, 29-69
    Tamar 29, 29-69
    Washington 57, 24-143
GREEN, Gardner 68, 24-117
    J. G. 42, 13-79
    Jonathan 58, 30-136
GREENE, Johnathan 31, 11-309
GREER, Abner 60, 29-72
    Anderson 57, 29-81
    Ceaser 30, 29-78
    Charlotte 38, 30-150
    Ellen 30, 29-120
    James W. 40, 30-151
    John H. 25, 29-90
    Joseph 60, 29-99
    Orville 31, 24-142
    William 82, 29-121
GRIFFIN, Eli F. 45, 23-85
GRIMES, D. J. 14, 21-184
GRIMM, Henrietta 14, 3-119
GROVES, Henry 24, 22-228
    Henry B. 48, 21-215
    Malinda 20, 22-228
GUNTER, J. E. 21, 16-206
    J. M. 19, 16-206
    L. M. 12, 16-206
    M. A. 16, 16-206
    M. D. 14, 16-206
    W. J. 23, 16-208
GUPTON, Calvin 55, 20-161
    Cooper 59, 20-179
    E. N. 29, 17-33
    Jane 54, 17-38
    John 16, 16-174
    John 23, 20-168
    John J. 32, 17-36
    Phil 62, 6-104
    Thos. 33, 19-117
    Thos. 56, 18-46
    Tobe 31, 17-26
    Wallace 18, 18-54
HAGEWOOD, B. H. 22, 21-218
    Cave 28, 21-201
    J. B. 42, 22-228
    James 28, 21-204
    Jno. 46, 21-198
    N. P. 73, 21-197
    Susan 55, 21-219
    Thos. Y. 29, 21-195
    W. N. 36, 22-229
    Wadkins 30, 21-202

HAGEWOOD, Wm. 21, 21-220
    Wm. N. 35, 21-221
HALCOMB, Ambose 54, 26-218
HALE, Claiborne 70, 27-273
    Ezekiel 21, 27-274
    G. W. 51, 18-67
    George 63, 27-248
    Jackson 34, 22-9
    Jerry 38, 27-267
    M. C. 42, 3-100
    T. M. 43, 2-66
HALL, Elijah J. 40, 20-150
    William 17, 22-21
HAM, Carrie 7, 23-83
    Ida A. 2, 23-83
    James 62, 22-30
    Jesse 39, 22-29
    Jesse W. 27, 23-57
    Mehalia 45, 23-65
    Ruth 29, 23-83
    William 33, 23-83
HAMBEL, William 53, 28-44
HAMILTON, Carroll 30, 26-200
    Robert 45, 25-160
HAMMONS, John H. 43, 10-258
HAMPTON, B. 56, 13-40
    Demumbra 23, 1-34
    Elizabeth 18, 6-74
    James 21, 21-195
    Malinda A. 1/24, 21-213
    Margaret 5/12, 6-74
    Martha J. 20, 21-213
HANNAH, G. W. 41, 29-107
    George W. 52, 29-123
    Martha A. 48, 29-118
    Samuel 35, 29-77
    Somerfield 82, 29-118
HANNER, Benjn. 37, 23-78
HARDEMAN, J. 27, 1-10
    N. P. 58, 21-184
HARDEN, Elisha 34, 29-87
HARDIN, Robert 43, 28-41
HARPER, A. 81, 2-65
    Christopher 35, 10-251
    E. 59, 14-101
    John 51, 27-282
    John 3, 25-170
    Joseph 8, 25-170
    Mary Ann 1, 25-170
    Nancy 5, 25-170
    Robt. 29, 19-110
    Sarah 33, 25-170
    Thomas 28, 25-170
    William 28, 22-10
    Willie 12, 9-198
HARRIES, William 33, 1-37
HARRIS, Betsy 40, 9-226
    Burass F. 40, 8-175
    Burgess 40, 13-72
    Edmund 18, 9-226
    Edward 28, 28-47
    Edwin 22, 25-150
    Elias 56, 9-212
    Elmora 17, 12-350
    Elvina 15, 8-179
    Emily R. 45, 18-80
    Esop 63, 10-259
    G. B. 42, 2-87
    Gade E. 43, 15-151
    George 65, 30-130
    George 28, 22-16
    George 4, 9-226
    George W. 36, 11-314
    George W. 43, 8-176
    Henry 68, 9-208
    J. C. 47, 17-36
    James 29, 30-132
    James 24, 25-171
    James 23, 10-284
    James C. 27, 9-214
    Joseph 15, 19-91
    Joseph H. 31, 11-317
    Joseph S. 64, 11-316
    Maggie 2, 9-226
    Marcus 28, 9-209
    Martha 27, 19-90
    Mathew 33, 7-146
    Melvina 14, 9-226

HARRIS, Nathan 35, 24-139
    Newson 33, 14-100
    Parks 33, 22-15
    Polly 51, 9-213
    R. S. 66, 12-26
    Robert 10, 9-226
    S. 62, 12-25
    Sarah 8, 9-226
    Sarah 60, 8-172
    T. R. 29, 12-27
    Thomas 27, 22-17
    Thos. J. 44, 8-180
    W. H. 39, 4-156
    W. Wash 24, 9-227
    Warren 58, 25-158
    William 21, 15-156
    William R. 32, 9-232
    Win 52, 9-200
    Zechariah F. 32, 11-6
HART, Frank 25, 24-106
    Susanna 20, 9-238
HAYS, Minerva 34, 30-147
HEAD, George 31, 12-342
    Monroe 25, 13-68
    Westley 28, 12-349
HEAVERLAND, Thos. 36, 24-129
HEFF, Jacob 52, 7-129
HENDERS, Arena H. 39, 17-24
    Mary R. 20, 17-24
HENDERSON, Robert 63, 7-123
HENDRICK, Joseph N. 45, 28-39
HENRY, John J. 54, 29-104
    William D. 65, 30-156
HEREGIS, C. E. 27, 11-301
HERIGES, Jos. 56, 6-66
HERRIN, Henry A. 24, 30-154
    William 52, 30-155
HERRON, E. Thompson 56, 10-249
HEWET, Ella 4, 4-175
    Price 28, 3-105
HEWITT, W. 49, 14-122
HICKS, J. D. 39, 5-42
    W. H. 32, 2-51
HIDE, Amanda 20, 7-138
    Gilbert 8, 9-237
    Jesse 30, 9-239
    Joseph 12, 9-243
    Mary 1, 1-5
    William 36, 9-205
HIGGINS, James 62, 8-182
    James 36, 15-138
HIGHT, Colie 74, 2-65
HIGHTOWER, Amanda 40, 22-30
    Richard 35, 25-184
HILAND, Alfred 38, 25-163
    George 33, 25-165
    Martha 66, 25-166
HINSON, Chory 62, 12-350
    George W. 10, 2-68
    S. 68, 12-1
    Tom 9, 16-209
HOBBS, William 12, 26-217
HOFFA, W. B. 58, 6-79
HOGAN, J. W. 62, 20-159
HOGUE, Andrew 42, 27-279
HOLCOMB, J. J. 50, 18-82
    Sarah C. 21, 18-82
    Wm. A. 14, 18-82
HOLLINGSWORTH, Henry 33, 27-266
HOLLIS, Gussie 12, 17-36
    Isaac 56, 17-41
    John R. 22, 20-167
    Johnathan 53, 18-61
    Mary J. 14, 20-179
    Susan 45, 4-173
    Theodore 9, 18-52
    Wm. K. 59, 18-65
HOLT, William 43, 30-133
HOOBERRY, William 29, 27-246
HOOD, Robert M. 36, 11-295
HOOPER, A. B. 66, 15-171
    Charles 19, 27-259
    Claiborne 35, 25-189
    Daniel 38, 26-234
    Elijah 54, 26-239
    James 25, 25-169
    Jesse 67, 26-203
    John 92, 25-191

HOOPER, John 42, 25-190
    John R. 31, 27-9
    Minnie 12, 27-259
    Parry 32, 24-136
    Susan 65, 24-107
    T. N. 55, 3-120
    W. C. 27, 3-131
    William 40, 23-79
    William 64, 27-271
    William C. 28, 8-157
HOOTON, Henry 34, 29-71
HOSKINS, T. J. 47, 3-117
HOWELL, John 44, 22-35
HUDDER, Pete 23, 18-62
HUDGENS, Aaron 40, 9-236
    B. W. 30, 15-157
    Ben 59, 15-134
    Booker 61, 8-186
    Christopher 55, 11-290
    Danl. 72, 9-228
    Delilah 64, 9-233
    Emily 52, 11-304
    Mary J. 45, 8-179
    Morris 65, 15-136
    T. H. 41, 15-155
    Wash 52, 8-183
    William 16, 8-190
    William 57, 8-184
HUDGEONS, Gid. 23, 1-11
HUDGING, John 19, 28-63
HUDGINS, Ann 30, 16-188
HUDLESTON, Andy 45, 30-174
HUDSON, John A. 61, 7-140
HUETT, B. Franklin 12, 17-16
HUGGINS, Randall 51, 15-126
HUGHES, Chaney 45, 21-208
    Sam 18, 13-70
HULME, Pitts 44, 26-209
HUMPHREYS, Alx. 24, 20-151
    Charley 17, 18-51
HUNT, Charles 54, 25-168
    Dick 40, 4-168
    George W. 53, 11-291
    Henry 40, 14-95
    J. B. 45, 1-22
    J. Westley 68, 18-68
    James 7, 10-248
    James A. 30, 10-275
    James H. W. 34, 19-118
    Jane 17, 12-10
    John R. 30, 11-311
    Lillie 5, 4-168
    Margarett 17, 10-282
    Mary 27, 3-105
    Mary E. 7/12, 10-248
    Mathew 67, 8-177
    Oscar 18, 9-245
    Stephen 10, 16-192
    Violet 22, 10-248
    W. W. 36, 16-194
    William J. 44, 10-283
    William J. C. 23, 11-291
HUNTER, Allen 60, 21-187
    Clarence 6, 20-176
    D. A. 43, 14-99
    Drew 20, 17-35
    G. 21, 13-55
    Grace 12, 15-164
    J. 10/12, 14-95
    James 48, 14-119
    Jennie 10, 17-43
    Jordan 16, 18-69
    L. J. 52, 17-22
    Mary 19, 15-127
    Mary A. 55, 19-109
    R. 37, 14-95
    Robt. 23, 18-62
    Samuel 40, 7-132
    Tennessee 14, 19-109
    Thomas D. 44, 10-280
    Wm. 6, 17-10
    Wm. 9, 21-186
    Wm. 18, 21-190
    Wm. Carrol 54, 17-23
HUSTON, Z. D. 35, 27-16
HUTCHINSON, John 49, 9-201
HUTTON, Charles 60, 30-141

HUTTON, Jackson 50, 29-73
    W. C. 28, 1-27
    William W. 54, 30-162
HYDE, A. 24, 12-18
    George w. 39, 13-61
    Ham 18, 3-115
    Iving B. 32, 10-287
    Kittie 17, 17-10
    Levy 50, 13-63
    Mack 4, 7-144
    Mary Ann 7, 12-26
    Prissilla 69, 7-144
    Richard 17, 9-226
    Susan M. 56, 11-294
    W. 4, 12-18
    Willis 73, 14-81
    Willy 46, 15-135
INMAN, C. T. Y. 15, 13-62
    R. H. 33, 14-85
    William J. 31, 29-119
IRVIN, Jos. 14, 12-33
ITSON, Samuel 17, 1-43
IVEY, Nancy 22, 23-75
JACKSON, E.? 60, 14-98
    Harry 66, 21-194
    J. H.? 52, 1-3
    John 1, 28-55
    M. C. 26, 14-108
    M. L. 29, 20-156
    Peter 54, 21-200
    Susan 20, 28-55
    William 42, 17-221
JACOBS, William 15, 28-60
JAMISON, John 21, 7-133
JENKING, B. 22, 3-100
JENKINS, J. J. 72, 13-41
    Jas. H. 62, 5-28
    Luke 30, 11-289
JENNETT, F. M. 34, 17-25
    Zach. 28, 17-24
JINNETT, W. S. 24, 12-4
JOHNS, E.? I. 52, 6-75
JOHNSON, Edmond 23, 22-31
    Hattie 15, 16-180
    James W. 42, 10-253
    John 52, 23-87
    Joseph 32, 6-75
    William 65, 24-138
JONES, Alice 5, 1-14
    Alston 70, 17-42
    Angeline 26, 18-49
    Armes 21, 3-118
    Benjamin 37, 25-175
    Clinton 32, 21-183
    E. S. 26, 3-93
    Emily 24, 1-14
    Henry 55, 29-102
    Hiram 37, 20-173
    I. N. 43, 30-144
    Jami A. 7, 23-48
    Jesse 65, 10-252
    John 33, 21-206
    Levi 56, 29-69
    Lucy A. 52, 18-73
    Milton 35, 19-134
    Moses 59, 30-164
    Peter 19, 22-227
    Robt. 57, 20-149
    Samuel 25, 27-281
    Sarah A. 63, 20-156
    Sentian 48, 18-74
    T. C. 47, 17-34
    Thos. 45, 21-207
    Wm. 28, 20-160
    William 62, 29-96
JORDAN, Drewy 44, 25-186
    James 33, 26-213
    Jesse 40, 26-211
    Samuel 45, 25-182
    Sandy 59, 25-184
    Turner 80, 13-69
    Warren 61, 27-283
JOSLIN, Louis 21, 30-158
JUDD, Jacob H. 28, 29-83
    Thomas C. 43, 10-271
JUSTICE, Mrs. Ann 47, 25-162
    J. T. W. 50, 3-117

JUSTICE, John 28, 11-294
    Lewis H. 30, 11-310
    Mary 22, 11-307
    Robt. E. 25, 8-170
    T. L. 52, 19-106
KEETON, Earnest 4, 28-60
    Jefferson 19, 28-60
    John 10, 28-60
    John H. 36, 29-125
KELLAM, William W. 42, 29-126
    Shed 30, 28-22
KEMP, James H. 29, 10-281
KINDLE, David 12, 25-170
    John 48, 25-170
    Pleasant 7, 25-170
    Polly 38, 25-170
    Susana 16, 25-170
KING, B. F. 51, 17-19
    Edward 25, 17-2
    John 51, 22-36
    John 32, 27-276
KINMONT, Bruce 22, 24-129
KIRBY, Peggy 46, 12-340
KIRKPATRICK, Mildred 77, 10-261
KNIGHT, Andrew 57, 6-68
    David 55, 26-240
    E. N. 60, 5-59
    Hester 67, 6-69
    James 46, 6-70
    Jas. A. 62, 5-61
    Judy 50, 29-110
    Mary 14, 27-252
    Silas 54, 25-180
    W. H. 45, 6-72
    Wm. L. 39, 5-60
KNOX, Nancy 75, 20-178
    R. H. 61, 12-22
    R. M. 28, 12-23
    Wm. 22, 12-10
KNUCKLES, Edward 65, 28-23
KRANTZ, Alexander 36, 24-110
    J. L. 68, 16-198
LADD, James 55, 28-46
LANE, L. 29, 14-81
    W. G. 2, 14-81
LANGFORD, Mary 78, 10-288
LANIER, Edmund 51, 8-153
    Lou V. 18, 21-184
    Rutha 54, 10-249
LANKFORD, Fannie 20, 20-144
    Fannie 26, 20-156
    Orman 1, 20-156
    Sarah 45, 20-144
LAPOY, James 8, 22-25
LARD, Kempy 50, 28-64
    Mackey 8, 28-64
LARKINS, John 31, 22-16
LAURENCE, W. P. 28, 3-119
LAWRENCE, W. F. 22, 14-91
LEE, J. J. 30, 1-16
    Lawson 24, 1-6
    S. 57, 1-7
    William 19, 24-129
    William B. 62, 24-131
LEIFRITZ, Diomas 70, 6-65
    Stephen 43, 6-66
LEIGH, Anna 24, 8-186
LENNOX?, Josh 63, 9-202
LENOX, J. J. 42, 4-176
LEONARD, Tempy 83, 22-46
LEWIS, Eugene C. 32, 7-138
    James D. 35, 28-18
    William 89, 28-24
LILES, Elonzo D. 30, 30-157
    Ephram L. 53, 30-147
LINK, S. A. 33, 14-103
    W. B. 57, 14-102
LITTLE, Willy 15, 16-175
LOCKART, W. S. 25, 16-193
LONG, John 40, 5-46
    William 62, 23-96
LOVE, Judy 12, 7-138
LOVELL, Anderson 39, 26-204
    Benjamin 24, 26-202
    Franklin 27, 26-205
    Gideon 21, 26-241
    John 33, 25-183

37

LOVELL, Loch 26, 27-272
         Napoleon 67, 26-244
         Mrs. Parthena 60, 27-249
         Polk 35, 27-265
         Robert 32, 26-242
         Washington 20, 27-271
         Zora 12, 26-216
LOWE, H. 72, 1-18
       S. J. 54, 1-1
       Thomas 39, 10-272
LUTTRELL, William 35, 23-90
LYTTLE, John 26, 30-131
MAJOR, Captola W. 10, 21-183
        D. S. 39, 18-62
        Geo. W. 26, 21-188
        J. S. 68, 18-59
        James M. 6, 21-183
        Lucy B. 4, 21-183
        Mary T. 9, 21-183
        Rufe 28, 18-64
MAJORS, Henry 55, 18-56
         James 30, 22-28
MALLING, Richard 75, 9-244
MALLORY, Dave 19, 15-160
         James 84, 14-115
         Levi 23, 19-131
         Mary H. 45, 17-13
         Nora 4, 8-167
         Rosa 29, 19-115
         Sally 7, 8-167
         Wiley 3, 8-167
MALLOY, Martha 19, 17-13
MALONE, Ada 9, 28-40
        Harriett 4, 28-40
MALORY, Tom 10, 12-8
MANGRAM, Jesse 12, 22-30
MANGRUM, Westley 36, 23-65
MANWARRING, W. L. 43, 12-32
MARSH, George 24, 24-129
MARTIN, Celia 10, 11-330
        Florence 6, 11-332
        George F. 39, 30-176
        Laura 25, 23-70
        Taylor 19, 4-164
        Thos. 23, 11-292
MASSAGIE?, Blaylock 51, 23-64
MASSIE, Sarah 16, 5-60
MASTERS, Henry M. 15, 20-149
         Judah 37, 20-149
MATHER, Austus G. 26, 28-63
MATHEWS, Eligy 23, 16-204
MATHIS, Sicily 60, 21-207
        Wm. H. 33, 6-63
MAXAY, Jaino B. 21, 16-215
MAXEY, G. W. 45, 15-144
       H. 51, 16-214
       James 24, 9-245
       Rawls 62, 16-210
       Thomas W. 36, 10-254
       Wilson 28, 10-273
MAYBERRY, Freedonia 24, 21-197
          James W. 26, 21-203
          Marshal L. 6, 21-197
          Mary Rebecca 4, 21-197
          Mocaby 25, 21-197
          Wm. Nichols 2, 21-197
MAYO, Charles 18, 26-206
      Geo. 60, 5-55
      James H. 33, 11-334
      Stephen 22, 5-48
      W. J. 22, 13-62
MAYOW, A. J. 47, 1-24
MAYS, Henry 20, 29-109
      James T. 40, 29-103
      John A. 28, 30-137
      Joseph 73, 29-111
      Joseph H. 23, 29-112
      Robert J. 32, 29-94
      William P. 45, 29-89
McCARROLL, Thomas 19, 25-182
McCAULEY, Wm. 18, 21-216
McCLELLAND, Martha S. 37, 21-184
            Robert 19, 24-141
McCLURE, Sarah 63, 26-201
McCONKEY, A.? P. 41, 1-15
McCORMAC, Joseph 68, 9-241
McCORMACK, Mary 71, 4-140
McCREA, Moses 34, 27-261

McCREA, Rena 7, 9-204
McFALL, Kate 13, 10-267
McFARLAIN, D. S. 37, 3-119
McGOWEN, Frank 17, 8-186
McLAUGHLIN, Galvani 46, 25-155
McLEAN, R. N. 66, 5-9
McLEMORE, Thomas 15, 2-63
McMURREY, John 24, 26-236
          Lacy 9/12, 26-236
          Thomas 4, 26-236
McNEAL, Jesse 19, 26-205
McNEIL, Murray 33, 26-217
McQUARY, G. W. 54, 1-2
MEADOR, Allen 39, 24-122
MEADOW, James 28, 27-4
MENTZER, William 44, 24-129
MERCER, Jas. K. P. 35, 6-91
MERRILL, Charles 27, 10-260
MERRIT, Andrew 44, 27-268
MILES, Ariadnie 27, 24-109
       Benjamin 44, 24-104
       Delilah 67, 18-80
       Ephraim 46, 23-98
       Henry W. 49, 18-83
       Martha A. 13, 18-85
       Thos. J. 53, 19-107
       W. H. 51, 19-136
       William 33, 1-39
MILLIKEN, Alfd. 22, 5-43
          Geo. R. 40, 5-39
MILLIKIN, J. S. 25, 5-53
          James K. 56, 5-49
          John B. 29, 11-331
MITCHELL, George Ann 20, 8-170
          Harriet L. 13, 8-174
          Susan Jane 52, 12-347
MONTGOMERY, John 24, 25-159
MONTGOMRY, A.? 54, 2-60
MOODY, Robt. 60, 20-181
MOORE, Middleton L. 37, 28-48
       Syntha 73, 11-300
       William 19, 28-19
MORGAN, G. W. O. 28, 3-110
MORRIS, E. P. 80, 12-8
        Egbert 1, 23-94
        Elizabeth 49, 24-123
        Fannie 27, 23-94
        Henry 26, 7-137
        James N. 33, 7-117
        John 60, 27-255
        Joseph 39, 24-111
        Josh 34, 5-18
        M. P. 45, 14-105
        R. C. 45, 14-123
        S. T. 11, 13-60
        Thomas 20, 6-117
        W. T. 47, 12-9
        Wilson 24, 24-127
        Wilson L. 44, 7-145
MORTON, George 30, 24-129
MOSIER, Elizabeth 75, 5-12
        James 30, 7-124
MOSLEY, Jno. T. 48, 20-170
        Peyton 59, 21-199
MOSS, Thomas 23-83
MUNFORD, Prince 33, 27-260
MURFF, Ellata 15, 3-125
       George T. 36, 3-125
MURPHEY, Edley 53, 17-10
MURPHY, C. B. 19, 13-73
        E. W. 27, 14-89
        Elizabeth 14, 12-342
        John R. 38, 10-266
        Pun? 47, 23-71
NALL, Andrew J. 44, 29-98
NANEY?, Henry 52, 17-39
NANNIE, Wm. 28, 20-155
        Wm. 35, 20-142
NANNY, Jno. N. 31, 20-171
NAPIER, Hester 60, 30-141
        Jane 40, 26-236
NAVE, Josephus 47, 10-277
NEAL, Thomas A. 31, 9-242
      William C. 28, 30-149
NEALE, Frank J. 32, 28-53
NEIGHBORS, B. A. 41, 2-67
           Berton 50, 2-85
NEWLAN, Lydia A. 46, 9-224

NEWLAND, Paris 52, 8-160
         Thos. 50, 8-159
         Wash 17, 9-217
NEWMAN, George 16, 6-98
        John F. 31, 5-24
        Nancy 22, 6-98
NEWSOM, Frank 25, 30-129
        James 50, 30-140
        Len 33, 26-220
        Newbon 24, 27-263
NEWTON, Edward M. 34, 10-278
NICHOL, David 65, 9-206
        David 21, 7-148
        John G. 34, 9-207
        Lidia 63, 26-201
        William C. 37, 7-152
NICHOLS, J. B. 28, 13-70
         Joe 30, 3-97
         W. C. 50, 14-90
         W. H. 26, 14-91
         William 72, 4-7
NICHOLSON, A. F. 29, 18-44
           A. H. 48, 14-109
           Amy 54, 15-158
           Dion 42, 18-49
           Dora 14, 20-170
           Fannie 42, 18-63
           J. A. 37, 14-114
           J. B. 25, 13-36
           J. D. 50, 16-174
           J. J. 36, 14-111
           J. M. 53, 20-174
           Jas. 18, 20-170
           Jessie 25, 15-167
           N. T. 26, 16-175
           Nancy D. 28, 18-79
           Rufus 26, 18-70
           Rufus 24, 8-192
           Scott 28, 14-108
           Wm. J. 50, 18-47
           Wm. P. 27, 18-48
NICKENS, James 44, 2-50
NICKLE, Amanda 26, 28-29
NICKOLS, R. S. 36, 3-114
NORTHINGTON, David 12, 12-337
             Joseph 10, 12-337
NYE, D. W. 65, 10-261
     John H. 22, 10-261
     Shadrach 28, 10-261
OAKLEY, Bryant 57, 24-134
        C. A. 38, 3-107
        Emily 69, 1-17
        J. S. 46, 1-16
        John 25, 2-60
O'BRIAN, Jno. 31, 19-120
         Thomas 63, 3-130
         Michael 40, 29-97
OBRIEN, Wm. H. 32, 7-139
OLIVER, H. C. 19, 16-198
        William 47, 24-115
ORVERTON, Susan 15, 23-73
OSBORN, Mary B. 74, 27-15
        Nancy 19, 27-7
        William T. 26, 27-17
OSBORNE, James 34, 23-95
         John B. 48, 23-82
         Thomas 49, 23-54
OUTLAND, J. H. 34, 19-129
OWEN, Jane 18, 26-201
      L. A. 69, 13-74
      Thomas R. 39, 10-250
      Tom A. 42, 13-75
      W. L. ? 40, 13-76
OWENS, J. W. 51, 17-226
       James 21, 8-175
OZBURN, J. M. 48, 4-173
PACE, J. R. 37, 13-34
      T. J. 25, 15-159
      W. H. 30, 14-107
      W. Hack 58, 18-81
PACK, Benjamin 28, 22-7
      Ewing 26, 23-89
      Fletcher 50, 22-13
      George 33, 27-2
      Lenore 53, 22-21
      Lenore 34, 22-5
      Montgomery 36, 22-4
      Thomas 43, 25-156

PACK, Vanburen 24, 23-93
    William 31, 22-6
PAGE, Abner 43, 19-99
    Ella 21, 30-176
    Margaret 25, 24-124
    Moody 42, 20-144
    Susan 40, 24-116
    William 27, 24-124
PANSCHEER, Jno. H. 41, 21-217
PARDEE, Isaac B. 23, 17-11
    Thomas 36, 23-99
PARDEW, C. J. 34, 3-93
PARDUE, A. J. 47, 20-177
    Andrew 27, 26-230
    D. C. 43, 18-55
    G. M. 40, 16-173
    George 1, 20-176
    James 25, 26-229
    Joseph 59, 27-247
    Lafayette 47, 20-162
    Levi 23, 20-176
    Lou 19, 20-176
    M. A. 69, 16-179
    Mary 14, 20-164
    Robt. C. 41, 19-93
    T. W. 42, 16-180
    Wm. J. 29, 21-186
PARISH, B. W. 36, 4-162
    R. J. 34, 5-19
PARKERSON, Frank 24, 23-101
PARR, John T. 54, 24-102
PARSONS, Jane 23, 26-219
    Thomas 25, 26-219
PASCHAL, Benja. 15, 22-6
PASCHALL, J. R. 20, 13-54
PATERSON, Sanford 42, 21-222
PATTERSON, Luke 20, 3-98
    Maron 29, 12-341
    Wm. 45, 12-338
PATTON, J. E. 18, 17-224
    John 32, 9-215
PEERY, Gilbert 21, 24-129
PEGRAM, Dolly 40, 29-112
    George W. 40, 30-175
    James J. 31, 30-148
    John 40, 30-170
    Julia 70, 30-146
    Robert W. 43, 30-135
    Silvester 35, 30-171
    Stephen 55, 30-139
    William M. 37, 30-176
    Z. T. 32, 30-143
PENNINGTON, J. R. 41, 13-62
    Tom 41, 13-64
PEOPELS, ____ 60, 3-119
PEOPLES, Lucretia 60, 4-176
PERRY, George 25, 24-126
    George?, 2-64
    James 60, 4-148
    James 52, 6-99
    James A. 27, 20-154
    John 44, 3-136
    John 14, 4-143
    John M. 27, 30-166
    Lafayette 27, 12-347
    Littleton 46, 17-32
    Marion F. 34, 17-40
    Nancy Ann 42, 18-84
    Robert T. 36, 7-130
    Sampson 45, 3-138
    Thomas 25, 8-185
    William F. 35, 8-162
PERSONS, Peter 65, 17-43
    Saml. 29, 19-125
PETTY, William 23, 22-19
PETWAY, John 71, 25-153
PHILIPS, George 44, 26-219
    Lucinda 41, 9-241
PIERSON, Sam 28, 27-262
PLASTER, Nancy C. 48, 18-77
    Wm. H. 53, 18-76
PLATER, Rebecca 35, 4-169
PLUMMER, Koputh? R. 30, 11-301
POLK, Elliott 27, 24-129
    John 15, 12-341
POOL, H. A. 52, 14-118
    Henry 45, 15-169

POOL, Jack 28, 13-46
    James 80, 17-6
    Joe 41, 15-129
    John 45, 15-165
    Martha 14, 17-1
    N. B. 48, 15-163
    W. H. 39, 14-117
    Wm. Thos. 19, 19-89
PORCH, Chales 5, 22-42
    Cotter 2, 22-42
    Fannie 1/12, 22-42
    Mary 25, 22-42
POWER, S. D. 48, 2-92
POWERS, John 24, 8-168
    Noah 55, 24-120
PRESTON, E. E. 36, 14-115
    F. 5, 14-115
    May 14, 14-115
PRICE, L. D. 41, 15-149
PROCTOR, Daniel 18, 4-177
    J. R. 40, 5-27
    Robt. 27, 21-210
    Sarah A. 30, 2-58
PUCKETT, Henry 24, 24-112
    Mary 50, 24-114
    Paul Thompson 45, 8-181
PURTLE, Eliza 34, 23-86
    Robert 12, 23-86
RAGAN, Clark 25, 24-119
    Willis 69, 24-118
RAGSDALE, W. W. 26, 12-6
RAMER, Eli M. 44, 6-77
    Geo. A. 27, 6-74
    Geo. W. 51, 6-64
    Henry 46, 6-71
    Mary D. 53, 5-29
RANDY, James C. 38, 2-71
RAPE, Mansfield 24, 24-125
RAWLS, Susan C. 54, 5-11
RAWSON, J. D. 30, 12-13
    J. L. 23, 14-83
    James 57, 12-20
RAY, J. R. 54, 5-56
READ, Clayton 32, 25-151
    David A. 25, 4-143
    Enoch 69, 26-237
    George W. 27, 4-171
    James H. 31, 4-155
    James M. 42, 20-170
REDICA, W. R. 48, 6-94
REDING, C. B. 57, 2-63
REED, B. F. 57, 16-202
    E. 80, 15-131
    Joel 65, 23-86
    Joel R. 31, 23-91
    W. J. 24, 17-224
REEKS, Saml. 34, 17-18
RHEA, L. H. 26, 3-100
    Millie 19, 3-100
    Nannie 2, 3-100
RICHARDSON, Sally W. 38, 6-87
RIGGAN, James 54, 25-193
    Thomas J. 52, 28-47
RIGGON, Asa 57, 26-198
RINEHART, David 63, 17-27
ROBBINS, William 26, 24-128
ROBERTSON, Andrew 40, 25-149
    Delila 35, 28-55
    E. C. 60, 20-181
    Mary L. 49, 28-31
    Simon 47, 30-163
    Sol. 24, 26-209
    William 16, 24-137
    Wm. L. 44, 19-124
    Zany 58, 24-145
ROBINSON, Abb 58, 15-168
    N. 80, 12-29
ROOF, W. S. 21, 5-37
ROSE, Benjamin I. 32, 11-324
    James Amos 23, 11-319
    James H. 47, 6-96
    John 54, 25-170
    Martha Ann 17, 7-135
    William C. 21, 7-135
    Wm. M. 43, 6-81
RUSSELL, Anna 78, 25-169
    Thomas 27, 24-106

RUSSELL, Thomas 61, 25-176
    William 21, 22-2
    William 43, 26-214
    William 32, 25-178
RUST, J. E. 53, 3-109
SAMPLES, Sarah H. 31, 5-21
    Susan A. 10, 5-21
SAMUELS, Susan 12, 6-87
SANDERS, Claiborn 56, 18-72
    David 54, 15-137
    G. A. 55, 4-157
    G. H. 37, 16-199
    H. W. 46, 16-213
    J. W. 29?, 16-187
    J. W. 34, 16-212
    John 45, 27-269
    N. J. 49, 16-183
    Rosa 50, 4-163
    W. C. 60, 3-129
    W. W. 45, 3-123
    Washington 28, 19-111
    William 34, 23-100
    Wm. 12, 18-87
SATTERFIELD, Ellen 27, 23-96
SAUNDERS, Andrew J. 45, 11-293
    Mildred J. 57, 11-326
SAWYERS, Anderson 40, 18-78
SCHOOLEY, Stephen 29, 24-129
SCOOT, F. 14, 15-160
SCOT?, W. A. 32, 5-36
SCOTT, Joseph 31, 23-77
    Robert 38, 23-76
    St. Legger 35, 26-227
    Susan 64, 23-75
    Thomas 18, 29-108
    Thomas 22, 3-93
    Winfield W. 32, 10-265
SCRUGGS, Wm. 46, 5-57
SEARS, Edward G. 44, 30-127
    Thomas 35, 22-22
    William 40, 22-24
SESLER, Henry 75, 28-60
SHADOWIN, Chas. R. 28, 7-113
SHAERON, Hannah 24, 3-104
SHAPHERD, John 50, 10-247
    Martha 19, 10-247
    Mary 10, 10-247
    Mary 46, 10-247
    Samuel 23, 10-247
    Sarah 21, 10-247
    Wm. 47, 10-247
SHARON, B. H. 22, 14-109
SHARRON, D. A. 5, 13-36
    J. H. 9, 13-36
    John 46, 13-55
    R. D. 19, 14-109
    W. S. 25, 13-56
    Zach 18, 13-54
SHATTEN, Thomas 15, 26-245
SHAVER, George W. 33, 4-172
SHAW, Bill 17, 16-209
    Eliza 28, 24-129
    G. W. 58, 12-3
    Geo. H. 28, 4-175
    J. T. 33, 14-110
    J. W. 53, 14-95
    Lucy 36, 12-2
    Robt. 18, 21-214
    Thos. J. 50, 20-156
SHEARON, Alice 34, 3-98
    B. F. 23, 17-33
    Cinthia 37, 4-152
    Ella 3, 3-98
    Josiah 26, 26-245
    Mary 16, 4-152
    Mary J. 5, 3-98
    Mattie 9, 3-98
    Mina 17, 23-101
    Unice 45, 17-7
    William 51, 26-243
SHEARRON, Bill 52, 16-220
    W. J. 28, 17-225
SHELTON, Antony 27, 26-232
    Caesar 50, 27-263
    Charles 62, 30-169
    Jesse 78, 27-284
    John 26, 23-72

SHELTON, John 60, 29-93
    Milly 50, 26-226
    Paralee 44, 24-106
SHEPHERD, James 29, 4-167
SHEPPARD, Palley 65, 29-82
SHEROW, Claiborn 45, 8-165
SHERRON, E. L. 52, 15-156
    J. 55, 15-143
    J. W. 52, 15-154
    Jessie 48, 15-140
    S. S. 47, 15-130
    Zach 30, 15-153
SHERRON, Zach 77, 15-128
SHIVERN, J. D. 6, 15-140
SHIVERS, A. C. 60, 3-122
    Elizabeth 52, 4-166
    Ralph 80, 3-133
    Tempa 60, 9-238
SHOOK, George 19, 28-61
SHORE, Thos. 40, 17-11
SHOUSE, William C. 28, 30-161
SHOW, James 11, 4-152
SILLES, Joe 40, 1-8
SIMMONS, A. J. 40, 3-134
    Burgess H. 21, 19-95
    Harris 51, 19-105
    Henry T. 55, 9-203
    James 27, 10-282
    Joham 33, 17-37
    John 63, 10-260
    Mariella 34, 9-223
    Washington 35, 4-154
    William D. 25, 11-305
SIMPKENS, J. W. 31, 4-142
    James 27, 2-57
SIMPKINS, James 53, 2-55
    Jonathan 54, 24-132
    R. G. 5, 16-204
SIMPKISS, J. G. 30, 1-23
SIMPSON, Gabe 55, 8-158
    Wm. 21, 4-5
SIMS, Harry 32, 28-38
SITTON, Ambros 60, 27-270
SKATES, Hariet 60, 4-168
SLATTER, Robert L. 19, 28-63
SLEDGE, R. 48, 13-66
SLOAN, Arthur 20, 24-129
    George L. 43, 3-119
SMITH, Alexander 35, 11-297
    Amanda 39, 24-121
    Ben 68, 16-195
    Cliborne 79, 25-161
    Eliga 18, 16-211
    Elisha 53-4
    Elizabith 46, 23-74
    Fannie 15, 17-13
    Florence 21, 6-75
    Floyd 13, 22-13
    Frank 40, 29-113
    Frank 10, 22-13
    Franklin 27, 11-298
    G. M. 34, 18-52
    J. J. 20, 16-197
    J. M. 31, 16-196
    J. W. 45, 3-116
    James 30, 21-193
    John 21, 23-53
    Jno. M. 43, 18-51
    Joseph J. 4, 11-316
    Louis F. 34, 19-108
    Oliver 35, 19-109
    Rachel 50, 21-209
    Rayford 20, 22-13
    Sally 41, 11-316
    Sarah 70, 19-113
    Susan 17, 22-13
    Susannah 66, 19-101
    Thomas 25, 22-22
    W. W. 31, 19-176
    Walker 28, 4-174
    Washington 31, 19-112
    William 29, 24-135
SPATES, James 22, 10-284
SPEIGHT, Sally 13, 24-136
SPRIGHT, Albert 26, 22-18
    William 52?, 22-17
STACK, C. T. 13, 13-62
    John 36, 12-21

STACK, D. W. 45, 13-58
    E. 65, 12-12
    G. W. 45, 13-57
    J. F. 61, 13-49
    Jacob 79, 13-44
    L. A. 27, 13-47
    Tom 17, 13-35
    U. S. 54, 13-45
    W. 37, 13-52
STANLEY, Mary 10, 3-108
STEPHENS, Margaret 52, 26-212
    Vadin 60, 28-26
STERRY, C. W. 23, 14-106
    Mary Ann 25, 7-140
STEWART, A. 48, 16-206
    A. F. 66, 19-__
    A. W. 51, 17-12
    Mrs. Ann 61, 25-164
    B. F. 53, 17-223
    Booker 42, 20-172
    Catherine 68, 19-89
    Delilah 58, 1-26
    E. 78, 16-211
    Henry 34, 22-1
    Hortie 30, 2-89
    J. M. 23, 3-119
    J. Q. 30, 17-222
    J. S. 59, 18-85
    J. Thos. 24, 19-88
    Jack 60, 16-186
    James 35, 3-119
    Jane 20, 17-3
    Jennie 26, 20-178
    John 12, 22-26
    M. T. 16-219
    Robt. Eaton 57, 18-86
    S. J. 3, 16-204
    Thos. 24, 24-106
    Verdie 8, 2-89
    W. H. 64, 15-127
    W. J. 45, 4-150
    William 18, 2-108
    William 80, 16-207
STOKES, Bartlet 90, 28-20
    James 9, 28-38
    Mary 51, 28-40
    Missouri __, 28-38
    Washington 8, 28-38
    Wm. jr. 21, 17-21
    Wm. sr. 45, 17-20
STORRY, William 64, 8-188
    William W.? 29, 8-189
STOVER, James 34, 29-106
STRINGFELLOW, Albert 43, 22-23
    Henry 45, 22-20
    Hiram 73, 25-172
STRITCH, Garret 38, 7-138
STROUD, Alfred 58, 25-174
STUMP, Martha E. 36, 1-45
    Viana 47, 26-208
STURDIVANT, Jerome 60, 28-28
SUGGS, Link 17, 8-172
SULIVEN, Biddy 54, 9-199
SULLIVAN, Emma 1, 23-85
    John 29, 23-85
    Mollie 16, 23-85
SURLL, J. T. 23, 14-81
    Zach 27, 14-81
SUTTON, John 40, 23-49
    W. H. 18, 23-48
SWAGARD, C. C. 64, 1-18
SWARE, Robert 10, 9-241
    Samuel 12, 9-241
SWEAT, Bob 65, 16-203
TALLEY, James M. 41, 28-59
TAYLOR, C. W. 43, 2-78
    David 60, 21-189
    Delida 16, 23-67
    Emily F. 12, 7-134
    J. E. 45, 2-82
TEASLEY, A. 33, 14-101
    Addie 5, 20-176
    Benjamin 35, 26-235
    Charter 28, 26-236
    D. G. 56, 18-79
    Dempsey 1, 8-190
    George 1, 15-128
    George 10, 20-164

TEASLEY, George W. 39, 9-219
    Hannah 40, 18-81
    J. W. 63, 14-112
    Jesse 4, 8-190
    John D. 62, 9-229
    John H. 27, 9-231
    John M. 33, 8-181
    L. F. 42, 16-191
    Leander 16, 14-117
    Levi 60, 17-2
    Louis 25, 19-121
    Mark 46, 19-122
    Mary 9, 8-190
    Mary 6, 19-138
    Nancy 54, 17-6
    Nancy 37, 8-190
    Plummer 66, 15-139
    Rena 18, 15-128
    Rosa 6, 8-190
    Rupsey 70, 7-132
    Sallie 58, 15-132
    Scott 30, 19-127
    Thos. 18, 19-96
    Wm. E. 28, 8-190
    William O. 32, 9-230
    Willie 5, 20-182
TELLIS, Moses 20, 29-86
TERRY, Edmund G. 1, 12-337
    Margarett 30, 12-337
    Mary 5, 12-337
    Randolph 3, 12-337
    Sarah 7, 12-337
TESLEY, T. L. 26, 14-92
THOMAS, Hampton 66, 23-75
    John C. 44, 5-10
THOMPSON, Allen J. 34, 28-32
    Clarissa 52, 29-76
    George 35, 27-10
    James M. 71, 28-35
    Jerry 44, 29-74
    Joel P. 25, 29-124
    Joseph 44, 28-43
    Peter 40, 27-280
    Wash 23, 24-129
    William 65, 28-36
    Wm. N. 38, 28-34
    Wilson 66, 28-33
THORNTON, Annis 24, 30-153
    John M. 61, 30-152
    Polly 80, 30-160
TIMS, William 54, 20-147
TINSLEY, James 13, 21-204
TOLLINSON, J. 15, 12-26
    R. 10, 14-115
TOMLIN, Hudgin 33, 7-110
TOWNS, H. F. 26, 15-147
TUCKER, Jane 60, 14-103
TURENTINE, W. M. 41, 5-38
TURNER, Willie 23, 24-129
TURNER, Adolphus 35, 29-85
    Anderson 63, 29-108
    Elisabeth 68, 17-3
    Hubert 17, 22-44
    J. E. 56, 12-17
    Jackson 18, 25-168
    R. S. 33, 21-192
    T. A. 40, 16-177
    Thos. 12, 19-128
    William 12, 4-7
    Willie 22, 25-168
TYLER, John 23, 27-252
TYSON, John 42, 10-269
UNDERHILL, James 23, 23-97
USSERY, John 39, 23-73
USURY, Henry 5, 27-7
    Riely 60, 28-67
VANHOOK, J. B. 47, 15-150
VANTRESS, A. J. 42, 5-13
    Mary Ann 18, 5-12
VARDEN, George W. 59, 28-57
VENTRESS, James 12, 21-191
    James L. 62, 21-191
    Mattie 14, 21-191
    Mildred 57, 21-191
    Nancy J. 35, 21-191
VICK, J. T. 32, 1-40
    Martha S. 63, 1-42
    Pack 25, 27-277

VICK, William R. 27, 8-178
WACKER, Sterling 60, 8-171
WADKINS, Hancellett 13, 18-59
    J. A. 24, 21-185
WALDEN, J. N. 10, 2-64
WALKER, Adam 30, 3-132
    Albert 25, 10-247
    Andrew 46, 23-84
    B. F. 58, 15-133
    Dona 38, 14-121
    L. 30, 16-200
    J. D. 54, 13-51
    J. W. 57, 12-31
    James R. 27, 9-246
    James W. W. 55, 9-243
    Jane 22, 14-95
    Jessie 25, 15-143
    Jessie 60, 15-162
    John 37, 7-121
    John 60, 22-42
    Jno. T. 26, 13-38
    Jos. M. 36, 5-41
    Josephine 39, 15-143
    M. C. 51, 4-8
    Margarett 24, 17-23
    Mariah 70, 17-2
    Scott 35, 9-221
    Stephen 37, 9-220
    T. W. 21, 16-201
    Thomas 49, 15-142
    Thomas M. 51, 10-284
    Tom? 24, 13-43
    W. C. 20, 4-6
    W. H. 25, 15-145
    William 27, 8-174
    Z. T. 32, 15-124
WALKINS, W. 18, 17-18
WALL, D. A. 27, 16-205
    James D. 24, 16-192
    W. H. 32, 16-217
    William 70, 16-216
    Wilson 62, 16-209
WALTON, Charles 3, 13-41
    D. 30, 13-41
    George 5, 13-41
    Hary 70, 20-182
    Ida 13, 13-41
    J. B. 53, 20-181
    John 30, 22-228
    Lizzie 10, 13-41
    Nix 1, 13-41
WARD, Ellen E. 54, 28-19
    G. W. 1, 21-197
    J. Neoman 6, 21-197
    Louisa C. 33, 21-197
    Marion D. 4, 21-197
    Mary D. 9, 21-197
    Vista J. 8, 21-197
WARREN, Albert 22, 24-129
WASHINGTON, C. 10, 13-66
    Edmund 50, 12-337
    Eliza 9, 12-341
    John 60, 8-169
    Martha 11, 12-343
    Sam 47, 10-255
    Thomas 28, 12-339
    Tom 8, 13-66
WATKINS, William 35, 15-146
WATSON, A. 71, 9-204
    A. E. 54, 15-125
    Willis 17, 10-261
WATTS, John 23, 12-16
    Leathy 69, 19-102
    Nancy L. 39, 19-102
    R. J. 29, 19-104
    Tom 39, 13-78
    W. W. 45, 14-82
WAULS, Charlie W. 3, 4-168
    Hattie 1, 4-168
    Soloman 35, 4-168
WEAKLEY, Alx. 11, 18-51
    E. 15, 13-35
    G. W. 44, 17-15
    George H. 20, 18-53
    H. Clay 35, 21-189
    Martha 30, 13-39
    Nancy L. 74, 19-91

WEAKLEY, R. 46, 3-111
    Saml. W. 13, 21-189
    W. D. 51, 19-96
    Wm. H. C. 5, 21-189
WEAVER, Martha 47, 28-41
    Virginia 20, 29-106
WEBB, M. W. 43, 19-137
    Wm. R. 11, 19-134
WETMOORE, Annie 7, 28-31
    Jane E. 60, 28-30
WHITE, Eliza 22, 8-169
    Jackson 82, 25-152
    Nancy 35, 24-138
    R. H. 27, 13-53
    Saml. 35, 20-140
    Spencer 61, 29-75
    Thomas 6, 8-169
    William 20, 8-169
    Willis 60, 11-307
WHITFIELD, Martha 63, 28-18
    Sarah E. 21, 28-18
WHITWORTH, Wm. 20, 13-35
    Wm. 53, 17-28
WIATT, William 49, 26-199
WILEY, Sylvester M. 24, 28-66
WILLIAM, James 32, 24-107
WILLIAMS, Alexander H. 61, 11-336
    Alfred 46, 22-41
    Antony 11, 12-344
    B. W. 4, 5-45
    Benjamin 44, 25-148
    Celia 54, 7-120
    Chas. 36, 8-166
    Christopher F. 57, 9-240
    Fannie 7, 18-64
    Fanny E. 19, 10-278
    Frank 32, 2-72
    Fredrick 79, 12-345
    G. W. 21, 14-87
    H. T. 32, 12-14
    Hannah 13, 10-255
    Harry 37, 20-175
    Henry 8, 7-142
    Irving 2, 20-159
    J. B. 28, 14-86
    James 24, 15-164
    James 29, 2-59
    James H. 74, 19-119
    James M. 25, 11-291
    Jno. 47, 19-123
    Lewis 56, 24-113
    Lewis 52, 11-306
    Love 28, 17-4
    Lucy 16, 10-268
    M. A. 57, 15-161
    Mark 21, 10-255
    Mary 25, 26-201
    Mary 6, 14-98
    Millard 25, 18-62
    Miser 26, 7-119
    Nancy V. 13, 11-291
    Ned 70, 12-29
    Perry 20, 19-132
    Richard 30, 10-269
    Rick 45, 20-163
    Rob 21, 18-62
    Robt. 66, 19-138
    Sarah 9, 17-7
    Sarah 40, 20-159
    Stephen F. 72, 10-267
    T. M. 50, 19-135
    T. M. 34, 18-60
    Thos. W. 42, 20-139
    W. R. 31, 1-25
    William 33, 23-92
WILLIS, Hariet 57, 1-12
    Mack C. 21, 8-156
    Susan 13, 8-156
    Suzie 15, 1-12
WILSON, B. F. 41, 12-18
    Carroll 45, 12-345
    Charlie 27, 16-185
    George 23, 11-294
    J. J. 63, 12-19
    J. T. 34, 13-67
    J. W. 28, 13-65
    Joshua 73, 18-75

WILSON, Marina 23, 19-119
    Peter 42, 8-164
    Rebecca 107, 5-19
    Rebecca 8, 17-27
    Robert 23, 10-256
    Sharlott 12, 18-69
    Spacia 24, 21-192
    William 75, 22-43
WINBOURN, James R. 41, 28-63
WINHAM, Harry 13, 23-84
    Vandelia 10, 23-84
WINTERS, Henry F. 32, 11-315
WOODARD, Ephram 30, 30-142
    Thomas 35, 29-114
    Elizabeth 63, 30-144
WOODS, Elizabeth 53, 28-25
WOODSON, Elijah 56, 11-322
    M. 54, 14-113
    Peter 63, 10-268
    T. J. 27, 13-71
    Thomas A. 31, 11-293
WOODWARD, Jessee 46, 30-173
    Leanord 35, 30-168
    Matilda 55, 30-172
WOOLWINE, Samuel 35, 26-196
WOOTTEN, William 59, 4-158
WORK, A. 50, 3-95
    Joseph 24, 24-141
    William 47, 26-207
WREN, William 19, 13-34
WRIGHT, Thos. 43, 20-152
    William 29, 26-195
WYNNIS?, Buck 27, 21-216
YATES, Emily 56, 24-137
YEATMAN, William 66, 28-62
YOUNG, Delilah 2, 6-98
    Elijah 32, 29-92
    Frances 14, 6-98
    Harriett 11, 6-98
    J. S. 38, 2-90
    Matthew O. 56, 28-37
    Susan 34, 6-98

41

www.ingramcontent.com/pod-product-compliance
Lightning Source LLC
Chambersburg PA
CBHW081926170426
43200CB00014B/2847